Mauritius Wilde
Respekt

Mauritius Wilde

Respekt
Die Kunst der gegenseitigen Wertschätzung

Vier-Türme-Verlag

Bibliografische Information der Deutschen Nationalbibliothek
Die Deutsche Nationalbibliothek verzeichnet diese Publikation in der
Deutschen Nationalbibliografie. Detaillierte bibliografische Daten sind
im Internet über http://dnb.d-nb.de abrufbar.

2. Auflage 2010
© Vier-Türme GmbH, Verlag, Münsterschwarzach 2009
Alle Rechte vorbehalten

Lektorat: Dr. Kristin Haas-Heichen
Umschlaggestaltung: Elisabeth Petersen, München
Umschlagmotiv: SSilver / Fotolia.com
Druck und Bindung: Friedrich Pustet KG, Regensburg
ISBN 978-3-89680-436-5

www.vier-tuerme-verlag.de

INHALT

Einleitung

»Respekt – das Wort klingt hart. Schärfe ist in seiner Knappheit. Und Klarheit. Das Wort aber hat viele Taschen. Darin sind weitere Worte: die Achtung etwa und die Scheu, aber auch die Rücksicht. Auf den ersten Blick nur lose verbunden. Und doch beieinander: in der Sorgfalt und der Aufmerksamkeit für den Abstand, den es zu halten gilt. Auch von sich selbst. Damit man genau sehen kann. Und man im anderen nicht sich selber sucht. Damit man lernt zu achten, was sich verbirgt – das Geheimnis, das ein jeder ist, eine jede bleibt, sich und den anderen. Und man sich die Scheu bewahrt, einzudringen in den Raum der anderen. Und sich immer und immer wieder die Rücksicht abverlangt – auf ihre Freiheit, anders zu sein.« (Quelle unbekannt)

Wer wünscht ihn sich nicht: Respekt! Jeder und jede von uns braucht ihn wie die Luft zum Atmen. Es tut einfach gut, wenn Menschen mir zeigen: Ich schätze dich, du bist wertvoll. So wie du bist. Einfach *weil* du bist. Weil du ein Mensch bist. Der Respekt ist der Widerhall auf die Würde, die in jedem von uns wohnt.

Wie sehr wir auf Respekt angewiesen sind, spüren wir immer dann, wenn wir nicht genügend oder gar nicht respektiert werden. Wenn wir übergangen werden. Wenn wir verlacht werden. Wenn wir vereinnahmt werden. Wenn wir manipuliert werden. Das Gefährliche daran ist, dass es passieren kann, dass wir dabei den Respekt vor uns selbst verlieren. Respekt beruht auf Gegenseitigkeit.

Mittlerweile erwacht ein neues und breites Bewusstsein dafür, dass wir nur friedlich und gut miteinander leben können, wenn wir versuchen, uns an Werte zu halten. Dem Wert des Respekts kommt dabei eine besondere Bedeutung zu. Es gibt kaum einen Wert, der so breite Zustimmung findet. »Nachhaltigkeit« interessiert Umweltbewusste, »Demut« spirituell Interessierte und »Liebe« ist ein Wert, der zu groß erscheint, als dass er allgemeine Gültigkeit beanspruchen könnte. Anders ist es mit dem Respekt.

Ich war bei meinen Recherchen erstaunt, wie viel Resonanz dieser heute wieder moderne Wert findet. Er ist die Vision für all die, die sich eine multikulturelle Gesellschaft wünschen, in der Intoleranz keinen Platz hat. Eine Gesellschaft, in der die verschiedenen Kulturen und Milieus respektvoll beieinander leben. Er ist die Hoffnung für all die, die sich um Gewaltprävention kümmern. Für jene, die mit hilfsbedürftigen jungen Menschen und Erwachsenen arbeiten, die Schwierigkeiten im Umgang mit ihren Aggressionen haben. Für Menschen, die straffällig geworden sind und um Reintegration in unsere Gesellschaft ringen.

Respekt ist ein zentrales Ziel für alle Lehrenden und Erziehenden vom Kindergarten bis zu den weiterführenden Schulen und spielt in der Werte- und Verhaltenserziehung eine große Rolle. Er wird von den Tierschützern gegenüber den Tieren reklamiert. Man erwartet ihn von den Religionen, die sich in einer modernen Zivilgesellschaft bewegen. Respektvoll sollen sie miteinander und mit allen Menschen umgehen. Er spielt im Sport eine Rolle: Das betrifft die sportliche Fairness selbst wie das Verhalten der Fans zueinander. Respekt beschäftigt die Wirtschaftswissenschaftler und die Sozialpsychologen. Er hat Bedeutung bei den Therapeuten, in systemischen Aufstellungen genauso wie in der Ehe- und Paarbegleitung. Er ist ein Schlüsselwort sogar in der Hip-Hop-Szene. Das ist besonders erstaunlich: Trotz ihrer oft überbordenden verbalen Gewaltinhalte steht bei der Hip-Hop-Kultur der Respekt hoch im Kurs, wird unzählige Male besungen und »gerappt«. Respekt gibt den von der Gesellschaft Ausgeschlossenen ihre Würde wieder:

»Respekt geht an die, die auch dich respektieren
doch ein Text ist viel zu kurz um es genau zu definieren
und erklären, darum ist dies nur ein Versuch
zu komplex ist dieses Thema, da reicht nicht einmal ein Buch.«

(…)

Respekt geht an die, die auch dich respektieren
Heimat ist ein Ort wo dich Menschen akzeptieren

integrieren heißt sicherlich nicht Anpassungspflicht
wichtig ist nicht Herkunft sondern der Mensch an sich.«

(Texta – Globaler Respekt, Album: Gediegen, 1998)

Dass »Respekt« quer durch alle gesellschaftlichen Schichten und Generationen geschätzt wird, ist die große Chance dieses Wertes. Dass jungen Menschen »Respekt« wichtig ist, weist in die Zukunft. Respekt ist ein moderner Wert. Er bekommt seinen besonderen Schwung mit der Aufklärung und Immanuel Kant, der »Achtung« definiert als »ein vom reinen Vernunftbegriff des Sittengesetzes selbst bewirktes Gefühl«, ein »moralisches Gefühl«, das der Person wesentlich ist und ihre Würde begründet. Nach der Katastrophe der Weltkriege des letzten Jahrhunderts nehmen unsere Väter und Mütter den Respekt als ein Grundrecht in die Verfassung auf, und zwar als Artikel Nummer eins: »Die Würde des Menschen ist unantastbar. Sie zu *achten* und zu schützen ist Verpflichtung aller staatlichen Gewalt.«

Das Problem ist jedoch: Alle reden von Respekt. Alle wollen ihn haben – doch nicht jeder will ihn geben … »Respekt ist unsere Aufgabe / und nicht 'ne falsche Maske, die ich aufhabe«, singen die Fantastischen Vier (Respekt, Album: Jazzkantine, 1994). Wie kann es aber gelingen, dass aus einer Maske gelebte Realität wird? Wie können wir die Kunst der gegenseitigen Wertschätzung erlernen? Was heißt Respekt im Alltag ganz konkret? Diese und die folgenden Fragen möchte ich gerne näher in den Blick nehmen: Was ist Respekt? Und wie geht er? Woher kommt er? Wie verschaffe ich mir Respekt? Was tue ich, wenn ich nicht respektiert werde? Wie können wir eine Kultur der Achtsamkeit schaffen? Kann ich Respekt einüben? Was bedeutet Respekt für Liebende, was für das Verhältnis der Generationen? Welche Rolle spielt er in Schule und Erziehung, welche in den Betrieben? Und wie respektiere ich Gegner und Feinde?

Das Märchen »Der Kleine Prinz« wird uns helfen, auf die Spur zu kommen. Auch die biblische und christliche Tradition führt uns tiefer in das Thema. Besonders der deutsche Mystiker Meister Eckhart hat wie kaum einer präzise den Hintergrund dessen beschrieben, was den Respekt eigentlich ausmacht. Wie wir Mönche im alltäglichen Klosterleben versuchen, den Respekt einzuüben, möchte ich auch gerne erzählen.

»Zu komplex ist dieses Thema, da reicht nicht einmal ein Buch.« Ich will es dennoch versuchen. Mein Wunsch ist, dass Sie, liebe Leserin, lieber Leser, sich ermutigt fühlen, Respekt zu erwarten und Respekt auch zu geben. Und dass sie Freude bekommen an der Kunst der gegenseitigen Wertschätzung.

1. Wenn wir den Respekt vermissen

Nicht immer merken wir sofort, wenn der Respekt fehlt. Ich gehe aus einem Gespräch. Vielleicht bin ich nett behandelt worden, aber es bleibt ein fader Nachgeschmack. Im Nachhinein spüre ich: Ich bin nicht geachtet worden, subtil, aber spürbar.

Der Respekt ist ein scheues Wesen. Er ist empfindlich und zart. Eigentlich ist er stark. Das werden wir noch sehen. Aber zunächst quetscht er sich nicht dazwischen, drängt sich nicht auf. Er will selbst respektiert werden, damit er in Erscheinung treten kann.

Oft schleicht sich die Respektlosigkeit also leise herein. Manchmal aber tritt sie auch klar und offenkundig zutage. Jemand spricht schlecht von mir, macht mich runter. Er will damit erreichen, dass er selbst in einem besseren Licht dasteht. Respektlos. Wenn Sie einmal beginnen, bewusst wahrzunehmen, wann Sie den Respekt vermissen, werden Ihnen zahlreiche Situationen begegnen. Bevorzugte Areale für fehlenden Respekt sind überall dort, wo Gegensätze aufeinanderprallen. So zum Beispiel Arm und Reich, ungebildet und intellektuell, Alt und Jung oder auch Mann und Frau.

Die Respektlosigkeit »funktioniert« da in beide Richtungen. Bei den Ärmeren zum Beispiel kann es so gehen: Sie sind voller Vorurteile und Sozialneid. Sie gehen davon aus, dass der Reiche sein Geld überhaupt nicht redlich verdient haben kann. Vielleicht hegen sie dabei die Erwartung, dass die Reichen sogleich hergehen und ihren ganzen Besitz mit den Bedürftigen teilen. Es gibt aber auch die Respektlosigkeit in die andere Richtung: Die Reicheren gehen davon aus, dass die Armen an ihrer Situation auf jeden Fall selbst schuld sind. »Sie sind halt faul. Sie sind Schmarotzer. Sie liegen der Allgemeinheit auf der Tasche.« Ein einfacher Tausch der Rollen würde beiden Seiten ermöglichen, sich zunächst einmal mit Respekt zu begegnen. Würden die Ärmeren in die Schuhe der Reicheren schlüpfen, sie würden die Sorgen und Ängste erleben, die die Dynamik des Besitzes mit sich bringt, die Armut, die dem Reichtum innewohnt. Der Reiche wiederum wäre geheilt, wenn er einmal wirklich wahrnehmen würde, wie es sich lebt mit wenig Geld, wie gering die Freiheit dann sein kann.

Ähnliche Gräben findet man, wenn man den Bereich des Wissens betrachtet. Wissen ist Macht, die Informations- und Wissensgesellschaft legt auf Bildung und Intellektualität hohen Wert. Wissende neigen zu Arroganz und Hochnäsigkeit gegenüber Unwissenden. Sie haben – zumindest intellektuell – den Überblick und glauben, damit auch recht zu haben. Was sie aber vielleicht nicht haben, ist die Bildung des Herzens, die Weisheit. Umgekehrt gibt es ebenso die Verachtung der einfachen Leute gegenüber »den Studierten«. Studiertsein gilt ihnen als ein Privileg der Reicheren. Studieren und mit dem Kopf arbeiten ist für sie überhaupt keine richtige Arbeit. Außerdem sind für sie die Intellektuellen weltfremd.

Oder man denke an die Differenzen, die zwischen Alt und Jung bestehen können: Manche Jüngeren haben den Verdacht, dass sie von den Alten um ihre Zukunft betrogen werden. Sie glauben, dass sie nur Probleme von ihnen geerbt haben und erben werden. Sie behandeln die Älteren in der Arbeitswelt respektlos. Sie versuchen, sie wegzuschieben. Ihre Erfahrung zählt ihnen nichts. Umgekehrt trauen die Älteren den Jüngeren nicht zu, die Zukunft zu meistern. Sie halten sie für schwächer oder schlechter, als sie selbst es einmal waren. Eine Missachtung steckt auch in der Aussage: »Ich bin froh, dass ich nicht mehr jung bin. In der heutigen Zeit möchte ich nicht mehr jung sein.«

Auch bei Frauen und Männern tritt die mangelnde Achtung gegenüber dem anderen Geschlecht manchmal offen zutage. Das geschieht zum Beispiel dann, wenn Männer das Gefühl haben, Frauen seien etwas, das man besitzen könne. Oder wenn man bei Frauen spüren kann, dass sie die Männer eigentlich für überflüssig halten.

Immer also, wenn die Unterschiede, die es zwischen uns Menschen gibt, nicht geachtet werden, dann blüht die Respektlosigkeit. Immer wenn Menschen keinen

Abstand zu sich selbst haben und den Perspektivenwechsel nicht schaffen. Der Respekt kann neu geboren
werden, wenn man die Unterschiede achtet.

> Respekt heißt: Achte die Unterschiede!
> Und bewerte sie nicht.

Wenn man sich einmal richtig respektlos behandelt
fühlt, dann empfehle ich zur Entgiftung, Marie-France
Hirigoyen zu lesen. Die Psychoanalytikerin und Vikti-
mologin beschreibt in ihrem Buch »Die Masken der
Niedertracht« verschiedenste Techniken der Respektlosigkeit und Formen des Missbrauchs. Das hilft einem,
klarer zu sehen, woher das Gift kommt, das man in sich
oftmals nur sehr vage wahrnimmt. Besonders »beein-
druckend« ist zum Beispiel die Respektlosigkeit dessen,
der auf eine Frage von mir einfach nicht antwortet,
nicht reagiert, so tut, als existiere ich gar nicht. Das
heißt also, man lässt mich meine »Nichtigkeit« spüren –
ohne dass man sich überhaupt um Worte bemüht.

Allerdings muss man dieses Buch auch irgendwann
wieder weglegen, weil man sonst nur noch Schlechtes sieht in dieser Welt, an allen Ecken. Es ist von Nutzen, die Möglichkeiten des Teufels kennengelernt zu haben, besonders auch seine subtilen Methoden. Mit dem
Teufel aber kann man den Teufel nicht austreiben. Dazu hilft nur das Gute, das Positive.

Das Wort »Respekt« hat seinen Ursprung im lateinischen Wort »respicere«. Es bedeutet »zurück-schauen«, »beachten«. Eine mögliche Übersetzung von Respekt ist also »Achtung«. Alle Formen der fehlenden Achtung sind Respektlosigkeiten: Eine milde, aber bereits destruktive Form ist die *Achtlosigkeit*. Jemand wirft achtlos Abfall weg, man übergeht mich bei der Begrüßung einer Runde, man merkt sich zum wiederholten Male nicht meinen Namen. Achtlosigkeit ist ärgerlich.

Missachtung geht einen Schritt weiter: Sie ist nicht nur die Folge einer gewissen Nachlässigkeit oder Unaufmerksamkeit – in ihr kommt eine Prise Aktivität dazu. Jemand lässt mich bewusst aus. Jemand übergeht mich und meine Kompetenz oder Erfahrung absichtlich. Das hat bereits etwas mit Boshaftigkeit zu tun.

Die schärfste Form schließlich ist die *Verachtung*: Sie spricht dem anderen alles Gute und jedes Recht ab. Verachtung ist eine echte Form der Aggression. Sie geschieht in Worten oder Taten. Sie achtet nicht die Würde des anderen, sondern leugnet sie.

Die Spirale der Respektlosigkeit:

    Achtlosigkeit

    Missachtung

    Verachtung

Diese Unterschiede zu sehen hilft, das Gefühl, respektlos behandelt worden zu sein, einzuordnen. Wenn jemand uns gegenüber achtlos ist, sollten wir das nicht als »Verachtung« überbewerten. Damit geben wir der Situation mehr Bedeutung als ihr gebührt. Eine Achtlosigkeit kann ich von mir schütteln wie den Regen vom Regenmantel. Sie kann jedem einmal passieren. Auch mir. Ein achtsamer Mensch zu sein oder zu werden ist eine hohe Kunst, zu der nicht jeder andauernd in der Lage ist.

Missachtung hingegen verlangt von mir, dass ich mich aktiv schütze. Dass ich mich abgrenze. Oder interveniere. Sie kommt seltener vor, aber sie kommt natürlich vor. Missachtung ist eine Gemeinheit, die ich nicht mehr so leicht abschütteln kann. Als Erstes hilft mir dann, dass ich die Achtung vor mir selbst wiedergewinne. Und so zurück ins Handeln komme.

Verachtung kommt – Gott sei Dank – selten vor. Viele Achtlosigkeiten können zur Missachtung führen. Dauernde Missachtung zur Verachtung. Insofern ist es sinnvoll, den Anfängen zu wehren und auf die Achtsamkeit zu achten. Die Nationalsozialisten haben die Juden verachtet, doch mit kleinen Missachtungen hat die Katastrophe begonnen. Gegen Verachtung hilft nur energische Abgrenzung, sich Hilfe holen, sich verbünden, zum eigenen Wert unbedingt stehen.

2. Mich selbst respektieren

> »Mein Sohn, meine Tochter, in Demut ehre dich selbst.«
> (Sir 10,28)

Es gibt Menschen, die sind so gesund und zufrieden, dass sie dieses Kapitel nicht zu lesen brauchen. Sie haben ein gesundes Selbstbewusstsein und kein Problem mit dem Respekt gegenüber sich selbst. Es gibt aber auch viele, denen das nicht geschenkt ist. Es sind vor allem solche, die schon einmal Respektlosigkeit oder Missachtung erfahren haben. Für sie ist wichtig, dass sie zuallererst sich selbst mit Respekt begegnen.

Das gilt überhaupt für alle Werte. Bevor ich sie anderen entgegenbringen kann, sollte ich sie auf mich selbst anwenden. Mich selbst lieben, um andere lieben zu können, mir selbst gerecht werden, um andere gerecht zu behandeln, geduldig mit mir selbst sein, um für andere Geduld zu haben.

Wenn ich mich in einer Situation oder einem Gefühl der Missachtung wiederfinde, ist ein erster, hilfreicher Schritt, mit mir selbst respektvoll umzugehen.

> Respekt hilft gegen Respektlosigkeit.

Wenn mich jemand abwertet: »Du bist hässlich«, dann ist es wichtig, darauf zu schauen, dass ich doch schön bin. Ich darf mich vor meiner eigenen Schönheit verneigen. Wenn jemand meint, mit mir könne man nicht reden, dann darf ich respektvoll darauf schauen, wie oft ich schon den Faden der Kommunikation aufgegriffen habe. Wenn jemand meine Leistung nicht sieht oder mein Engagement nicht anerkennt, dann sollte ich der Erste sein, der meine Leistung würdigt und mein Engagement wahrnimmt. Das Schädliche der Respektlosigkeit liegt darin, dass ich durch die Missachtung, die mir vom anderen widerfährt, meinen eigenen Wert und meine eigenen Fähigkeiten nicht mehr richtig einzuschätzen weiß – den Respekt vor mir selbst verliere. Dass ich selbst aufhöre, mich zu lieben. Dass ich mir selbst nicht mehr vertraue. Daher ist es so wichtig, sich selbst diese Achtung zu geben. Wie kann ich das tun? Es ist oft nicht ausreichend, mir das selbst nur zu denken oder zu sagen, ich muss es erfahren. Daher kann ich für mich die Grundgebärde des Respekts nutzen, die *Verneigung*.

- Stell dir vor Augen, was deinem Gefühl nach zu wenig an dir respektiert wird.
- Stell dich innerlich dieser deiner Eigenschaft gegenüber.
- Dann verneige dich vor dieser deiner Eigenschaft!
- Verneige dich vor dir selbst, so wie du bist.

Du wirst dabei spüren, dass auch du schön bist, auf deine Weise. Du wirst merken, dass deine Leistung, dein Engagement gut ist. Wenn alles auch noch zu verbessern ist, gibt es da dennoch genug Gutes an dir, das zu würdigen ist.

Menschen, die sich selbst nicht respektieren, werden schnell Opfer anderer. Sie bieten sich geradezu an, ausgeschlossen, übergangen oder missbraucht zu werden. Der beste Schutz dagegen ist: Verneige dich vor dir selbst! Erweise dir selber den Respekt! Wenn es andere nicht tun, dann tu du es wenigstens selbst.

Oft hilft auch, mit jemandem zu sprechen, von dem du weißt, dass er dich respektiert. Das ist dann wie Balsam für die Seele. Man spürt sich selbst wieder und weiß, dass man im Grunde o.k. ist. Missachtung ist immer auch eine Verletzung der Seele, die einer Heilung bedarf. Bei einem Erwachsenen heilt eine solche Wunde schnell. Falls ich die Wunde oder das Trauma in der Kindheit oder Jugend erlebt habe und der andere sozusagen in die alte Kerbe haut, dann braucht es mehr, um eine Heilung zu erreichen.

Es gibt noch andere kleine Heilmittel. Wenn du missachtet wurdest, dann ziehe dich schön an. Lass den Kopf nicht hängen. Wasche dich, mach dich schön, schminke dich oder leg ein Parfüm auf. Geh zum Friseur und lass dir eine schöne Frisur machen. Koch dir etwas Gutes und iss etwas Gutes. So stellst du den Respekt vor dir wieder her. Der Respekt, den du dir selbst erweisen kannst, ist wie eine Burg, deren Mauern dich umgeben. Sie macht dich stark und schützt dich. Und sie macht dich wieder ruhig, lässt dich das Leben wieder spüren.

Sich selbst zu respektieren bedeutet, sich so zu respektieren, wie man ist. Ich muss nicht alles gut an mir finden. Und trotzdem soll ich mich respektieren. Es gilt, die eigenen Stärken genauso zu respektieren wie die Schwächen. Eigenartig, dass man manchmal nicht einmal die eigenen Stärken würdigt: Besonders schöne Menschen beispielsweise finden sich oft selbst gar nicht so schön. Besonders sportliche Menschen halten sich für nicht sportlich genug. Es ist sinnvoll, einmal eine Liste anzufertigen, in der ich alle Stärken festhalte, die ich an mir sehe. Ihnen soll ich mit Respekt begegnen. Sie sind mir geschenkt, für mich und für andere. Ebenso aber darf ich auch meine Schwächen respektieren. Die Schwächen sind es, auf denen von mir selbst oder von anderen besonders herumgehackt wird. Sie brauchen unseren Respekt am nötigsten. Der erste Johannesbrief der Bibel hat für diese Situation ein besonders ermutigendes Wort:

> Klagt uns unser Herz auch an: Gott ist größer als unser Herz. (Vgl. 1 Joh 3,20)

Respekt bedeutet, von mir selbst Abstand zu nehmen und einmal aus einer größeren Perspektive zu schauen. Gottes Herz ist größer als unser Herz. Er ist barmherziger, als wir es oft selbst mit uns sind. Er beurteilt die Dinge anders. Eine Auffassung der Mönche lautet, der Mönch solle als Erstes unterlassen zu urteilen, andere und sich selbst zu verurteilen. Die alten Wüstenväter hatten ja in der Wüste viel Zeit zu grübeln. Sie sollen aber gerade nicht grübeln und schon gar nicht sich selbst oder andere vor ein inneres Gericht zerren, sondern schlicht das Urteilen unterlassen. Es gibt Menschen, die verurteilen dauernd die anderen. Vielleicht urteilen sie zum Teil wirklich richtig, aber dieses Urteilen ist zersetzend und nicht aufbauend. Und so ein Tribunal kann es auch in uns selbst geben. Darum gilt: Ein wichtiger Schritt zum Respekt gegenüber mir selbst ist, dass ich es unterlasse, über mich selbst zu urteilen. Gott soll ich das Urteil überlassen.

Auch meine eigenen Bedürfnisse darf ich respektieren. Manchen ist es peinlich, dass sie jetzt schon wieder essen oder so lange schlafen müssen, dass sie nur so kurz durchhalten, bis sie die Toilette aufsuchen müssen. Egal, welches körperliche, seelische oder geistige Bedürfnis ich in mir spüre: ich sollte es respektieren. Respektieren ist noch nicht gleich annehmen oder gutheißen. Aber ich sollte es sehen und so sein lassen, wie es ist, und nicht daran herumzerren und mich dafür verurteilen, dass ich es habe. Ich bin ein Mensch, ich habe Grenzen und konkrete Bedürfnisse. Besonders religiöse Menschen mit einem hohen moralischen Anspruch geraten in die Gefahr, ihre eigenen Bedürfnisse zu überspringen. Ihre Bedürfnisse gehören aber zu ihnen, so wie Gott sie geschaffen hat.

Eine junge Frau, die nach schwerer Kindheit und Jugend einen ehrlichen und intensiven Weg der Heilung ging, kam eines Tages zu dem Ergebnis, dass sie viel »gesehen« werden muss, weil sie als Kind immer übersehen wurde. Nun gesteht sie sich dieses Bedürfnis zu. Sie hat mit jemandem vereinbart, dass sie schnell, auch unangekündigt, einmal bei ihm auftauchen kann, damit er sie anschaut. Einen kurzen Moment angesehen zu werden ist für sie schon heilsam. Natürlich wäre die Frau froh, wenn sie diese kurzen Momente nicht mehr brauchte, aber sie gesteht sich zu, dass sie da einen Nachholbedarf hat. Sie respektiert sich selbst in ihrer Schwäche. Das ist ein guter, heilsamer Weg.

»Respekt« hat mit Schauen und Sehen zu tun. Ich soll gut und liebevoll auf mich schauen. Ja, ich soll mich überhaupt sehen, und nicht übersehen und übergehen. Wenn ich den Respekt mir selbst gegenüber üben will, dann gibt es eine einfache Übung: mich selbst anschauen:

Schaue in den Spiegel und sage zu dir: Du bist o. k.!

Das ist eine schöne Übung. Ich schaue in den Spiegel und beurteile mich nicht. Ich sage zu dem, was ich sehe: »Es ist o. k.« Ich sage zu mir selbst: »Du bist o. k.«

3. Den anderen respektieren

Jeder ist eine ganze Welt

Das moderne Märchen »Der Kleine Prinz«, das uns Antoine de Saint-Exupéry hinterlassen hat, ist eine kleine Schule des Respekts. Auf sympathische Weise zeigt es uns, was es heißt, respektvoll miteinander umzugehen. Daran, wie Saint-Exupéry die Personen darstellt, kann man seine Welt- und Menschensicht ablesen: Jeder Mensch ist eine eigene Welt und eine besondere Gestalt.

Auf seiner Reise begegnet der Kleine Prinz zahlreichen Gestalten: so beispielsweise einem König, einem Geografen, einem Geschäftsmann und einem Säufer. Jeder von ihnen sitzt auf einem eigenen Planeten. Damit will der Dichter sagen: Eigentlich stellt jeder Mensch für sich eine eigene Welt, einen eigenen Kosmos dar. In unserer Alltagswahrnehmung meinen wir zwar, dass wir alle auf ein und demselben Planeten leben, schaut man aber genauer hin, bemerkt man, dass jeder einzelne Mensch für sich eine eigene Welt hat und seine Welt ist.

Was bedeutet das? In einer Welt ist alles enthalten, was es gibt. Es fehlt ihr nichts. Deswegen heißt sie ja »Welt«, und nicht zum Beispiel »Erd-Teil«. Auch in den »Welten«, die der Kleine Prinz kennenlernt, findet sich alles, aber alles in ihnen ist in einer ganz eigenen Art und Weise enthalten. Zum Beispiel *die Zeit*: Jeder Planet, den der Kleine Prinz bereist, hat eine andere Größe. Die Zeitspannen zwischen Sonnenaufgang und Sonnenuntergang sind jeweils verschieden lang, das heißt, die Tage sind von unterschiedlicher Dauer. Der Planet des Laternenanzünders zum Beispiel ist so klein, dass jede Minute ein neuer Tag beginnt.

Was Minute ist, was Stunde, was Tag, kann für verschiedene Menschen ganz unterschiedlich sein, auch wenn sie dieselben Uhren mit derselben mitteleuropäischen Uhrzeit tragen. Ein alter Mensch erlebt die Zeit anders als ein junger, bei ihm geht alles viel schneller, was dem jungen dann so vorkommt, als ginge beim alten Menschen alles langsamer.

Ebenso gibt es verschiedene Sprachwelten – Menschen drücken sich unterschiedlich aus. Die Sprachgrenze verläuft nicht zwischen Englisch und Deutsch oder zwischen Deutsch und Italienisch, auch nicht zwischen Bayerisch und Schwäbisch — sie verläuft zwischen Alt und Jung, zwischen Mann und Frau, ja zwischen Mensch und Mensch. Wie das? Weil jeder mit jedem Wort anderes verbindet und anderes darunter versteht. Jeder hat mit jedem Wort Erfahrungen gemacht, die nur er gemacht hat. Der Kleine Prinz unterhält sich einmal mit dem Geschäftsmann über die Sterne. Der Geschäftsmann erklärt, dass er die Sterne besitze. Das will dem Kleinen Prinzen nicht eingehen. Er hat nämlich einen ganz anderen Begriff von »Besitzen«. Während für den Geschäftsmann »Besitzen« heißt, Eigentum zu haben, das ihm nützt und ihn reich und noch reicher macht, bedeutet es für den Kleinen Prinzen, etwas zu haben, *für* das man nützlich ist. Was der Kleine Prinz besitzt, dafür fühlt er sich verantwortlich. Hätten wir in unserer nach Besitz strebenden Gesellschaft eine solche Vorstellung von Besitz, sähe sie wesentlich menschlicher aus. *»Die Sprache ist die Quelle der Missverständnisse.« (Saint-Exupéry, S. 95)*, sagt der Fuchs dem Prinzen auf seiner Reise. Wir tun gut daran, davon auszugehen, dass uns der andere zunächst *nicht* versteht. Und wir ihn nicht. Jeder spricht seine eigene Sprache und ich muss das Vokabular des anderen erst erlernen. Das Wörterbuch dazu ist er selbst.

In jeder Welt ist alles enthalten. Aber jedes Ding hat darin auch eine andere *Bedeutung*. Der Prinz erfährt das besonders anhand der Sterne. Für den Geschäftsmann sind sie einfach »Dinger«, die man kauft, besitzt, verwaltet und auf der Bank hortet. Absurd, so könnte man denken, und so denkt auch der Kleine Prinz. Mit den Augen des Geschäftsmanns aber betrachtet, ist diese Bedeutung der Sterne nicht absurd, denn seine Welt ist eben die des Geschäftemachens; da sind die Sterne miteinbegriffen. Auch der König kennt die Sterne. Für ihn sind sie Untertanen, die zu gehorchen haben. Das ist wieder etwas ganz anderes. Der Kleine Prinz nimmt die Sterne als Erinnerung an seine geliebte Blume, die er auf seinem Planeten zurückgelassen hat. Das ist aus der Sicht von Geschäftsmann oder König genauso absurd. Aber es ist innerhalb seiner Welt zu verstehen.

Gegen Ende seiner Reise kommt der Kleine Prinz zu dem Schluss: »*Die Leute haben Sterne, aber es sind nicht die gleichen. Für die einen, die reisen, sind die Sterne Führer. Für andere sind sie nichts als kleine Lichter. Für wieder andere, die Gelehrten, sind sie Probleme. Für meinen Geschäftsmann waren sie Gold.*« *(Saint-Exupéry, S.118)*

Die Welt eines jeden spiegelt sich in ganz unterschiedlichen Bereichen – im Großen wie im Kleinen, auch im kleinsten Detail. In jeder Kleinigkeit – und vielleicht gerade dort – drückt sich noch die ganze Welt aus. Das ist der Grund, warum eine Ehe an einer Zahnpastatube zerbrechen kann. Man fragt sich, wie so etwas Großes wie die Ehe an so einer Banalität scheitern kann. Weil es hier letztlich nicht um die Zahnpastatube geht, sondern darum, dass die Tube in der Welt des einen eine andere Bedeutung hat als in der Welt des anderen. In der Art, wie der eine sie fein säuberlich zusammenrollt, kommt seine ganze Lebenseinstellung zum Ausdruck, sein Verhältnis zur Ordnung, zur Sparsamkeit. Da kommt seine Erziehung zum Vorschein, seine Familie, seine Art zu leben. Beim Kleinen Prinzen gibt es auch so eine »Zahnpastatube«. Unvermittelt muss der inzwischen etwas müde Prinz auf dem Planeten des Königs gähnen. Dieser verbietet ihm das, denn es verstoße gegen die Etikette. Das heißt, es passt eben nicht mit der Welt des Monarchen zusammen, bei dem nichts ohne Befehl getan werden darf. Dass der Prinz daraufhin auf Befehl gähnen *soll*, beweist, dass nicht das Gähnen das Problem ist (genauso wenig wie die Zahnpastatube). Das Problem ist, dass sich hier zwei Welten begegnen, und zwar im Detail. Wegen solcher Details sind schon Kriege entstanden. Wer seine Ehe aber wegen einer Zahnpastatube – verständlicherweise und zu Recht – noch nicht aufgeben will, sollte die Welt des anderen unvoreingenommen kennenlernen und sie respektieren.

Wenn man Saint-Exupéry ernst nimmt, bedeutet seine Sicht der unterschiedlichen (Lebens-)Welten streng genommen, dass zwischen ihnen keine Verbindung besteht. Deshalb das Bild der Planeten. Jeder kreist für sich. Zwischen den Planeten ist ein Abgrund, ist *nichts*. Es gibt keinen gemeinsamen Grund, auf dem wir uns bewegen. Dieses Denken ist radikal und man muss es nicht unbedingt so scharf sehen. Aber es öffnet die Augen für das, was hier unser Anliegen ist: für den Respekt. Respekt bedeutet nichts anderes als der gute Abstand.

> Respekt bedeutet: der gute Abstand.

Gerade weil wir in der Gefahr sind, den anderen zu vereinnahmen, ihn nur von unserer Warte aus zu sehen und nicht, wie er selbst wirklich ist, hilft es, ihn sich als eigene Welt vorzustellen. »Liebe deinen Nächsten wie dich selbst.« Dieses Grundgebot der Juden und der Christen meint eigentlich den Perspektivenwechsel: Gehe davon aus, dass der andere auch ein Ich ist.

Jeder ist eine kunstvolle Gestalt

Ja, es sind schon eigenartige Typen, die Antoine de Saint-Exupéry beschreibt! Denken Sie nur an den Monarchen, der dem Kleinen Prinzen vorschlägt, er solle die einzige Ratte auf seinem Planeten von Zeit zu Zeit zum Tode verurteilen, aber dann wieder rechtzeitig begnadigen, damit er nicht als Justizminister arbeitslos werde. Oder erinnern Sie sich an den Laternenanzünder, der alle dreißig Sekunden die Laterne an- und ausmacht, nur weil er »der Weisung« folgen will. Das sind schon kaputte Typen, denkt man sich. Es sind wohl Karikaturen, mit denen Saint-Exupéry die Erwachsenen auf ihre Schwachstellen hinweisen will. Gewiss. Aber es sind mehr. Es sind Gestalten.

Was macht eine Gestalt aus? Eine Gestalt ist begrenzt. Sie hat ganz bestimmte Begrenzungen, Konturen, sozusagen ein Profil. Jeder Mensch ist eine Gestalt. Er hat eine bestimmte Körpergröße, ein bestimmtes Gewicht, eine bestimmte Haarfarbe. Er hat ja nicht alle Haarfarben gleichzeitig, sondern nur eine, und das macht ihn – unter anderem – aus. Der Kleine Prinz zum Beispiel hat goldenes Haar. Jeder hat ein bestimmtes Geschlecht. Jeder hat ein besonderes Gesicht, das nur er hat. Aber nicht nur körperlich ist ein Mensch begrenzt und festgelegt, auch seelisch. Jeder und jede hat bestimmte Weisen, auf etwas zu reagieren, eine besondere Art zu fühlen. Jeder hat eine eigene Geschichte, die ihn geprägt hat, seine Eltern, sein Geburtsdatum, seine Kindheit, seine Jugend, auch eine ganz bestimmte Geschichte mit Gott.

All das macht den Menschen aus, macht ihn zu einem besonderen Menschen, der unverwechselbar und einmalig ist. Jeder Mensch ist eine ganze Welt, in der alles enthalten ist. Aber es ist in ihm alles in *einer* ganz bestimmten Weise und in einem ihm angemessenen Maß und Umfang enthalten, das macht ihn zu einer besonderen Gestalt. Antoine de Saint-Exupéry beschreibt das ganz vortrefflich. *»Es ist so klein bei mir zu Hause!« (Saint-Exupéry, S.18)*, sagt der Kleine Prinz. Es ist eben nicht alles möglich bei ihm, nur was seine »begrenzte« Welt zulässt.

Jede Gestalt ist so »durchgestaltet«, dass auch alle anderen Menschen um sie herum eine bestimmte Gestalt haben. Da ist zum Beispiel der schon erwähnte Monarch. Es gehört zu seinem Wesen, Befehle zu geben. Und so ist jeder, der zu ihm kommt, automatisch ein Untertan, ein Befehlsempfänger. Und alles, was geschieht, geschieht innerhalb dieser Gestalt des Befehlsgebers. Der Kleine Prinz gähnt: Das ist verboten. Der König befiehlt ihm zu gähnen: Das ist o. k.

Der Kleine Prinz möchte gerne, dass der Monarch einen Sonnenuntergang befiehlt. Jetzt macht dieser deutlich, dass er nicht einfach irgendetwas befehlen darf, sondern dass seine Befehle vernünftig, das heißt vom Untertan her auch ausführbar sein müssen. So wartet der Monarch, bis es Abend wird, wenn »die Situation günstig ist« für einen Sonnenuntergang. *(Vgl. Saint-Exupéry, S. 54)* Erst da kann die Sonne ihm wirklich gehorchen. Das ist zum Schmunzeln. Aber es ist – von der Person des absoluten Monarchen her betrachtet – sehr logisch und konsequent. Wie geht er also mit der Tatsache um, dass manches geschieht, ohne dass er einen Einfluss darauf hat? Er bezieht dies in seine Gestalt ein, indem er eben nur vernünftige Befehle geben will. Seine Figur bleibt durchgängig. Sie bleibt es bis zum Schluss. Der Kleine Prinz will den Planeten wieder verlassen. Als er von dannen zieht, ruft der König ihm nach: »*Ich mache dich zu meinem Gesandten.*« *(Saint-*

Exupéry, S. 57) So ist auch dieses Geschehnis in seinem Sinn passiert.

Jede Gestalt ist besonders geformt. Zu dem, was sie jetzt ist, wurde sie im Lauf der Zeit. Der Schöpfungsbericht der Bibel will dasselbe sagen, wenn er alles »Geschöpf« nennt, »Kreatur«. Als der Kleine Prinz vom Geschäftsmann hört, dass dieser die Sterne auf der Bank hortet, findet er das *»amüsant (...), fast dichterisch«* *(Saint-Exupéry, S. 67)*. In der Tat ist jede Gestalt eine eigene Dichtung, ein Kunstwerk gewissermaßen. Jeder Mensch ist ein Kunstwerk. Eine Kreation. Das vergessen wir nur immer wieder.

Von Älteren kann man oft hören, es gäbe heute keine Originale mehr. Eben keine kunstvollen Gestalten, die man amüsant finden kann. Ich glaube das nicht. »Originale« sind ein nachwachsender Rohstoff. Die Alten wollen aber kritisieren, dass viele Menschen noch als Kopien herumlaufen, sie versuchen, jemand anderer zu sein, und tun sich schwer, einfach der zu sein, der sie sind, mit den ganz eigenen Begrenzungen. In den Zeitschriften erscheinen immer die gleichen Typen von Frauen und Männern, gestylt nach einem bestimmten Ideal, das sich von Zeit zu Zeit leicht verändert, aber in regelmäßigen Rhythmen irgendwie wiederkommt. Wenn man sich diese Bilder anschaut, sucht man zuweilen unwillkürlich das an den Gesichtern oder Figuren, was dem Ideal nicht entspricht, was nicht ganz passt. Dort schimmert etwas von dem konkreten Menschen durch. Bei fast jedem Model ist so etwas – dem Schöpfer sei Dank – zu finden.

Es besteht also kein Grund, die Gestalten Saint-Exupérys auf ihren Planeten auszulachen. Auch der Kleine Prinz begegnet ihnen mit Respekt. Es sind wenigstens noch Gestalten. Allerdings nicht alle gleich gelungene. Jede Gestalt, jeder Mensch hat nicht nur seine besondere Schönheit, die ihn zum Kunstwerk macht, sondern auch seine besondere Gefährdung. Der Kleine Prinz ist davon nicht ausgenommen. Er weiß, dass er morgendlich »die Toilette« seines Planeten machen muss, nämlich die gefährlichen Triebe der Affenbrotbäume ausreißen und die Vulkane fegen. (*Vgl. Saint-Exupéry, S. 29*) Denn hier liegen Kräfte, die seinen kleinen Planeten zu sprengen vermögen. In jeder Welt sind Kräfte vorhanden, die zur Selbstzerstörung führen. Wer sich nicht um sie kümmert, zerstört sich selbst. Vor diesen Kräften in mir sollte ich Respekt haben – im Sinne einer gesunden, aufrüttelnden Furcht.

Eine der problematischen Gestalten im Märchen vom Kleinen Prinzen ist der Laternenanzünder. Dessen Tätigkeit bezeichnet der Kleine Prinz gleich bei der Ankunft auf dem Planeten als »sehr hübsch«, der Anzünder selbst aber empfindet sie als einen »schrecklichen Dienst« *(Saint-Exupéry, S. 70)*. Seiner Begabung, nämlich die Treue zu seiner »Weisung«, steht die Gefährdung gegenüber, an dieser Weisung starr festzuhalten, auch wenn sich die Verhältnisse auf dem Planeten völlig verändert haben. Dadurch wird ihm seine Aufgabe zum »Trauerspiel«. Sie misslingt. Misslungene Gestalten sind unglücklich und sehen ihre Situation als »aussichtslos«.

Besonders aussichtslos aber steht es um den Säufer. Bestimmt kennen Sie diese äußerst treffende Beschreibung seines Teufelskreises, die sich aus dem Gespräch des Kleinen Prinzen mit dem Trinker entwickelt: *»Warum trinkst du?« (...) »Um zu vergessen.« (...) »Um was zu vergessen?« (...) »Dass ich mich schäme.« (...) »Weshalb schämst du dich?« (...) »Weil ich saufe!« (Saint-Exupéry, S. 61f)* Und so geht es wieder von vorne los.

Ein Kreis der Selbstzerstörung, der seine eigenen dämonischen Kräfte entwickelt. Während des Gesprächs mit dem Kleinen Prinzen senkt der Säufer den Kopf und am Ende verschließt er sich gar in Schweigen. Es ist ihm also mit dem Trinken nicht gelungen, dass er sich nicht mehr schämen muss. Wie entkommt man so einem Teufelskreis?, fragen wir bestürzt. Vielleicht fühlen wir uns an manches eigene »teuflische Kreisen« erinnert. Im Grunde ist das Durchbrechen einer solchen Ausweglosigkeit ganz einfach: Indem man an einer Stelle, egal an welcher, aussteigt. Entweder der Säufer hört auf zu vergessen und schaut seine Situation einmal an oder er hört auf, sich zu schämen. Auch dies wäre eine Erlösung. Oder er hört auf zu trinken. An jeder Stelle kann der Teufelskreis durchbrochen werden. Wenn wir einem Menschen in dieser Situation begegnen, besteht der Respekt darin, auch seiner Gefährdung mit Respekt, das heißt mit einem gewissen Abstand zu begegnen. Ihm helfen zu wollen kann eine Form der Respektlosigkeit sein, weil sie ihn nicht in seine Verantwortung entlässt. Hilfe darf also keinesfalls in »Bevormundung« enden.

Der Charme des Kleinen Prinzen auf seiner Herzensreise besteht darin, dass er all diese Gestalten, den König, den Laternenanzünder, den Säufer und alle anderen so nimmt, wie sie sind. Es wäre zu viel gesagt, wenn man davon spräche, dass er sie liebe. Aber: Er respektiert sie. Er nimmt sie in ihrer – totalen – Andersartigkeit wahr und lässt sie so stehen, wie sie sind. Ja er kommt mit ihnen in eine Interaktion, in der er sie respektiert und gleichzeitig sich selbst respektiert. Der Kleine Prinz weiß, dass er »von einem völlig anderen Stern« kommt, und so kann er auch die anderen so nehmen, als »kämen sie von einem völlig anderen Stern«. Der Prinz würdigt die Unterschiede. Das ist das Leichte und Charmante am Respekt, auch das Einfache: Ich muss nur den anderen anders sein lassen – schon respektiere ich ihn.

> Respekt heißt: den anderen anders sein lassen.

Ähnlich formuliert es auch der Rapper Peter Pan von der Gruppe W4C. Er erläutert, was für ihn »Respekt« bedeutet:

»Für mich bedeutet Respekt, andere Leute erst mal stehen zu lassen, auch wenn sie Dinge anders machen als ich. Alles andere bedeutet, dass man das, was man selbst macht, als das einzig Wahre ansieht. Wenn man sich respektlos anderen gegenüber verhält, dann stellt man sich selber drüber, deswegen heißt für mich Respekt, den anderen als gleichwertig zu erachten.«
(Peter Pan in einem Interview auf http://www.peacexchange.eu/ doc/116-121-musik.pdf)

Moderne Eremiten

Wenn wir die Menschen so sehen wollen, als eigene Welten, so möchte ich auf ein mögliches Missverständnis hinweisen. Die Zeiten eines einheitlichen Weltbildes, in dem alles über einen (moralischen) Kamm geschoren wurde, sind ja – Gott sei Dank – vorbei. Vielleicht liegt das Problem heute noch an einer anderen Stelle. Eine junge Frau erzählte mir von einer neuen, sehr subtilen, aber auch sehr verbreiteten Form der Respektlosigkeit. Menschen, die – gefragt nach der Beziehung zu bestimmten anderen Menschen – antworten: *»Zu dem und dem hab ich keinen Bezug. Das ist nicht meine Welt.«*

Weil man spürt, dass der andere ganz weit weg ist, ganz anders ist, interessiert man sich gar nicht für ihn. Darin steckt aber ebenfalls eine Abwertung: Weil derjenige anders ist, geht er mich nichts an. Das bedeutet: Man will den anderen überhaupt nicht wahrnehmen, ihm überhaupt nicht begegnen. Sich so zu verhalten bedeutet aber, wie eine Monade zu leben, um sich zu kreisen wie zum Beispiel der Säufer. Besoffen von sich selbst denkt man, den anderen brauche man nicht, weil er eben anders sei. Das ist vor allem eine Versuchung der urbanen Welt und auch der Welt des Internets, der Generation, die Wolfgang Schmidbauer »Eremiten der Elektronik« nennt. (Vgl. Schmidbauer, »Ein Land – drei Generationen«)

Wahrscheinlich will sich dieses Verhalten vor der Fülle der verschiedenen Gestalten und Lebensentwürfe schützen. Aber *nachdem* ich jemanden bemerkt habe zu sagen, diesen gäbe es für mich nicht, ist eine Form der fehlenden Achtung. Wenn ich nicht nur die Andersartigkeit des anderen, sondern ihn selbst an sich nicht bereit bin wahrzunehmen, vertue ich mir die Chance, mich selbst »als anderen« zu entdecken. Ich bleibe eindimensional in meinem Handeln und Denken und kreise ewig um mich selbst. Achtung kann ich überhaupt erst dann einüben, wenn ich zu anderen in Kontakt stehe.

Der Raum um mich herum

Wie der Planet Erde von einer Atmosphäre umgeben ist, so umgibt jeden Menschen ein »Raum«, der weiter ausgreift, als die Begrenzung durch seine Haut ahnen lässt. Die alten Heiligenbilder zeigen es noch: Über dem Kopf und um den Kopf herum weist der goldene Heiligenschein darauf hin, dass dieser Mensch mit dem Göttlichen verbunden ist. Die Mandorla in der christlichen Kunst zeigt Jesus Christus in einer Aura, die ihn ganzkörperlich umgibt.

Jeder Mensch hat so einen Raum um sich. Ob man ihn als feinstofflich oder energetisch oder als geistig bezeichnen will, ist an dieser Stelle nicht wichtig. Wichtig scheint mir nur, sich klarzumachen, dass der andere Mensch »früher« anfängt, als wir denken, und »später« aufhört. Wer kennt nicht diese besonderen Zeitgenossen, die sich gerne über einen beugen, man spürt ihren Atem, vielleicht ihren Geruch; sie reden mit uns, und sind einfach zu nah an unserem Gesicht. Der Raum um mich herum, den jeder respektieren sollte, ist mindestens zehn Zentimeter tief. Hier hat sich niemand mir zu nähern, außer ich habe ihm vorher die Erlaubnis dazu gegeben. Bei Menschen, deren Sphäre oder Aura oft missachtet oder überhaupt nie wahrgenommen wurde, zieht sich dieser Raum weit zurück. Solche Menschen haben dann keine Ausstrahlung mehr.

Respekt vor den Schwächen und den Schwachen

Besonderer Respekt ist nötig gegenüber unseren Schwächen — meinen eigenen Schwächen und den Schwächen der anderen. Die armen und schwachen Menschen sind gefährdet. Bei den Reichen und Starken muss ich mir keine Sorgen machen, was den Respekt angeht. Der heilige Benedikt sagt einmal in seiner Regel: »Reiche Leute sind vielvermögend, das führt von selbst dazu, dass sie geehrt werden.« (RB 53,15)

Den Schwachen gegenüber aber ist man leicht versucht, sich über sie zu stellen, sie zu vereinnahmen oder sie auszulachen. Deshalb weist auch die Bibel besonders auf die Achtung gegenüber den Schwächeren hin: den Alten (Lev 19,32) beispielsweise und den Witwen (1 Tim 5,3).

Wenn im Bereich der Medien über Respekt diskutiert wird, dann geht es oft darum, wie sehr Journalisten die Schwächen derjenigen, über die sie berichten, ausnutzen dürfen. Dürfen sie Menschen in unvorteilhaften Situationen abbilden? Die Quote haben sie auf ihrer Seite, wenn sie von besonders herben Schicksalsschlägen berichten, und die Aufmerksamkeit ist da, wenn sie Verletzte zeigen. Aber ist das nicht respektlos? So wie jeder Mensch seine eigene Schwäche zunächst vor dem anderen verbergen will, so sollte man auch mit den Schwächen anderer umgehen. Wir sollten sie nicht breittreten, hervorholen, sondern einfach respektvoll stehen lassen.

Wenn man sich nicht selbst auf Kosten der Schwächen anderer größer macht, sondern stattdessen gegenseitige Achtung übt, dann kann ein Klima der Wertschätzung entstehen, in dem jeder in einem guten Licht steht, in seinem bestmöglichen Licht.

4. Respekt erweisen bringt auch mir selbst Respekt ein

Die Urgebärde des Respekts: Die Verneigung

Es gibt viele Möglichkeiten, den Respekt auszudrücken. Unendliche viele Formen. Eine sehr ritualisierte Form hat sich im Lauf der Jahrhunderte bewährt. Sie ist sozusagen die »Grundform« des Respekts, sein unmittelbarer Ausdruck: die Verneigung. Sie taucht in unserem Alltagsleben kaum mehr auf, was vielleicht auch dazu führt, dass sich der Respekt »zurückzuziehen« droht. Gerade die Deutschen haben mit ihr Schwierigkeiten. Zu oft und zu unreflektiert haben sie sie vollzogen. Jedoch ist es gerade die Verneigung, die wie keine andere Gebärde den Respekt voreinander bezeugt.

Buddhistische Mönche verneigen sich voreinander. Aikido-Schwertkämpfer verneigen sich vor und nach dem Kampf voreinander und zollen so dem »Gegner« Respekt. Früher neigte man leicht den Kopf, wenn man jemanden mit Handschlag begrüßte. Was bedeutet die Verneigung? Sie sagt:

> Ich neige mich vor dir, weil in dir etwas Größeres ist, als ich selbst es bin.

Mit der Verneigung mache ich mich also klein, oder besser: drücke ich meine Kleinheit aus.

Ist das eine gute Gebärde? Die mich klein macht? – Nur auf den ersten Blick sieht sie demütigend aus (oder fühlt sich so an). Denn was ist das Wichtigste an der Verneigung? Dass ich mich anschließend wieder aufrichte!

> Das Wichtigste an der Verneigung ist: das Sich-Aufrichten.

Wenn ich mich vor jemandem verneige, sage ich damit: »An dir will ich mich aufrichten.« Dazu muss ich natürlich das Größere in ihm anerkennen. Der Kämpfer will selbst an Kraft gewinnen, wenn er auf einen starken Gegner trifft. Ja, er will, dass dieser stark ist und »größer«, damit er selbst wachsen und sich aufrichten kann in diesem Kampf.

Die christlichen Mönche üben die Verneigung oft. Ich habe einmal gezählt, wie oft wir Benediktiner uns am Tag verneigen. Ich bin auf neunundvierzig Mal gekommen, aber bestimmt habe ich einige Verneigungen vergessen. Morgens, wenn ich die Kirche betrete, zum »Ehre sei dem Vater« nach jedem gesungenen Psalm, wenn wir das Refektorium, den Speisesaal betreten, an einem Kreuz vorbeikommen und viele andere Male. In einem normalen Mönchsleben verneigt sich der Mönch bis zu einer Million Mal. Man hat bei Mönchen nicht den Eindruck, sie seien geknickte, verdemütigte Menschen. Im Gegenteil, sie wirken vielleicht demütig, aber auch selbstbewusst und oft sehr eigen und eigenständig. Mit den häufigen Verneigungen drücken sie in erster Linie ihren Respekt gegenüber Gott aus. Er ist die größere Wirklichkeit, an der sie sich aufrichten wollen, jeden Tag und immer wieder. Nur vor dieser Größe wollen sie sich beugen, nur seinem Reich und seiner Gerechtigkeit wollen sie mit ihrem Leben dienen.

Die Mönche haben verschiedene Formen der Verneigung entwickelt: die **inclinatio capitis** *– eine Verneigung des Kopfes, nur der Hals neigt sich. Die* **inclinatio mediocris**, *eine mittlere Verneigung, in der sich auch die Brust herabbeugt. Und die* **inclinatio profunda**, *bei der sich der Mönch tief herabbeugt.*

Die stärkste Form der Verneigung ist die **prostratio**, *die Niederwerfung. Bei ihr wirft sich der Mönch mit seinem gesamten Leib flach auf den Boden. Damit bringt er seine Hingabe an Gott und seinen Respekt ihm gegenüber zum Ausdruck. Diese Gebärden sind ganz alt und haben doch heute noch Bedeutung.*

Die Verneigung als Heilmittel

Die Verneigung ist auch im therapeutischen Kontext wiederentdeckt worden. Gerade in systemischen Therapien besteht ein wesentliches Therapeutikum zur Auflösung von negativen familiären oder sonstigen Verstrickungen darin, dass man sich dem gegenüber, dessen Platz man ungebührlicherweise eingenommen hat, verneigt – und ihm somit seinen Raum lässt beziehungsweise wiedergibt. Die Verneigung hilft, eine Respektlosigkeit, eine ungute Vereinnahmung aufzulösen. Man lässt den anderen dort sein, wo er ist – und erreicht dadurch, dass man selbst den Raum einnehmen kann, der wirklich zu einem gehört. Mit der Verneigung gebe ich nicht nur dem anderen Raum, ich nehme mir dadurch auch selbst meinen Raum.

Wenn ich Schwierigkeiten mit jemandem habe, wenn ich ihn nicht voll anerkennen kann – vielleicht weil er mich verletzt hat oder weil er mich einfach nervt –, dann kann die Verneigung wie ein Heilmittel wirken. Ich kann mir den anderen vorstellen und mich vor ihm verneigen. Hier gibt es nun zwei mögliche Weisen: Entweder ich beginne bei der äußeren Form und komme so langsam zur inneren Erfahrung oder ich gehe den umgekehrten Weg, beginne bei der Erfahrung und komme so langsam zur Form.

1. Die erste Möglichkeit:
Ich vollziehe einfach die Verneigung, möglichst tief, unabhängig davon, was ich dabei zunächst empfinde. Ich übe mich so in den Respekt vor dem anderen und mir selbst ein.

2. Die zweite Möglichkeit:
Ich neige einmal leicht meinen Kopf. Ich stelle mir den anderen genau vor und versuche, mich vor ihm zu verneigen. Es kann gut sein, dass ich nur einige Millimeter weit nach unten komme. In mir können Gedanken auftauchen wie »Ich kann und will mich nicht tiefer vor dem- oder derjenigen beugen.« »Warum soll ich mich überhaupt vor ihm/ihr beugen?« Ich kann dabei so lange die Übung wiederholen, bis ich etwas finde, was am anderen wirklich respektabel ist. Und vielleicht gelingt es mir dann, mich immer etwas tiefer zu verbeugen. Das ist eine sehr heilsame Übung.

Die Mönche lernen das schon im Noviziat. Sie glauben, dass ihre Brüder, die mit ihnen den Weg als Mönch gehen, verehrenswert sind. Früher bezeichneten sie sich gegenseitig mit dem Titel »ehrwürdiger Bruder«. Sie beziehen sich dabei auf die Benediktsregel, in der es heißt, jeder solle »Christus im Bruder« sehen. Wir sehen Christus nicht mehr persönlich, der vor zweitausend Jahren gelebt hat, aber wir sehen ihn im Bruder, in der Schwester. Das ist tatsächlich ein provozierender Gedanke. Der Ordensgründer Benedikt von Nursia weitet ihn noch aus: Nicht nur im Mitbruder soll der Mönch Christus sehen, sondern auch im Gast: »Man neigt den Kopf oder wirft sich ganz zur Erde nieder, um in den Gästen Christus zu verehren, der auch wirklich aufgenommen wird.« (RB 53,7) Dasselbe gilt für die Kranken: »Man diene ihnen wirklich wie Christus.« (RB 36,1) Gerade gegenüber den Schwachen, denen gegenüber man sich selbst ja als stark und groß erlebt, soll man sich klein machen, mit der Verneigung oder gar der Niederwerfung.Ich erinnere mich gut, als wir diese Übung zum ersten Mal im Noviziat gemacht haben. Wir haben uns paarweise gegenüber aufgestellt und viel Zeit gelassen und uns dann voreinander verneigt. Abwechselnd. Wir haben die Verneigung immer tiefer werden lassen. Bis wir uns schließlich voreinander auf den Boden geworfen haben. Das war sehr eigenartig und ungewohnt. Aber es war eine starke und intensive Erfahrung. Erstaunlich war vor allem, dass die meisten von uns es als leichter empfanden, sich vor dem anderen niederzuwerfen, als zu akzeptieren, dass sich jemand vor einem selbst niederwirft. »Vor mir? Das bin ich doch nicht wert!« Doch! Ich bin es wert! Ja, die Gebärde des Verneigens ist Ausdruck des Respekts und gibt dem anderen Wert, sie wertet ihn auf. Und dabei wertet sie auch mich selbst auf. Deshalb ist sie für beide Seiten so gut und heilsam.

> Verneigen macht groß.
> Verneigen heilt.

Ich kenne manche Menschen, die sich nicht vor Gott oder anderen Menschen verneigen können. Vielleicht fühlen sie sich selbst wertlos und können so anderen nur schwer den Wert zubilligen. Oder sie sind einmal schwer gebeugt worden, gedemütigt oder missbraucht. Wenn ich mit Gewalt klein gemacht wurde, wird es mir schwerfallen, mich selbst klein zu machen. Das ist in Ordnung so. Ganz langsam nur kann ich dann lernen, mich wieder aufzurichten, mich wichtig und groß zu fühlen und meinen Wert zu spüren. Wir sprechen von der »Verneigung«, nicht von der »Verbeugung«. Es ist besser, sich zu verneigen als sich zu beugen. Manche Menschen sind – bereits körperlich – so gebeugt, dass sie sich schlecht verbeugen können. Ich denke mir dann immer: sie brauchen sich nicht mehr zu verneigen, ihr ganzes Leben ist schon so.

Respekt macht unwiderstehlich

Wenn ich dem anderen Respekt erweise, dann wecke ich auch den Respekt mir gegenüber. Das ist eine überraschende Erkenntnis. Normalerweise ärgern wir uns darüber oder leiden darunter, dass *uns* zu wenig Respekt erwiesen wird, und wir fragen uns, wie man das ändern kann, wie man sich selbst Respekt verschaffen kann.

Die Antwort ist: im Grunde gar nicht! Ich kann den anderen nicht zwingen, dass er mich respektiert, Respekt beruht ja gerade auf der freiwilligen Anerkenntnis. Natürlich kann ich dafür Tricks benutzen, zum Beispiel durch Statussymbole. Ein großes Auto oder ein luxuriöses Haus verschafft Respekt. Aber ich kann dadurch niemanden dazu bringen, mich wirklich zu respektieren. Vielleicht wird der andere mich dafür sogar missachten. Das Einzige, was Respekt hervorbringt, ist der Respekt. Respekt antwortet sozusagen auf Respekt. Der erfahrene Therapeut Albrecht Mahr sagte einmal:

> »Respekt macht unwiderstehlich.
> Nichts ist anziehender als der Respekt.«

Ja, nichts ist anziehender als Respekt. Wenn ein Mensch mir respektvoll begegnet, hat er sofort meine Sympathie. Wenn er mich zum Beispiel mit meinem Titel anspricht, drückt er Achtung aus und findet mein Gehör. Wenn er mir den Raum lässt, der mir zusteht, dann bin auch ich bereit, ihm Raum zu geben: Das ist gegenseitiger Respekt.

Früher gab es die Gebärde des Handkusses. Neulich habe ich ihn wieder einmal erlebt. Ich saß mit meinem Habit auf einer Bank und ein Obdachloser sprach mich an, ob ich ein wenig Zeit hätte. »Zwei Minuten«, antwortete ich. Ich setzte mich zu ihm auf die Bank. Er holte ein Arbeitszeugnis heraus, das ungefähr dreißig Jahre alt war. Er hatte als Tierpfleger gearbeitet. Seine Augen strahlten, als er von dieser Zeit sprach. Das Gespräch dauerte wirklich nur zwei Minuten. Was ich befürchtet hatte – dass er mich anbetteln würde –, war nicht eingetreten. Beim Abschied nahm er meine Hand und küsste sie. Das war für mich unglaublich erhebend. Eigentlich hätte es mir peinlich sein müssen. Aber es war der Ausdruck seines Respekts. Er hat dadurch erreicht, dass ich später noch immer wieder an ihn gedacht und für ihn gebetet habe.

Ich hatte einmal eine Mitarbeiterin, die hatte die Angewohnheit, sich manchmal neben mich hinzuknien, wenn ich saß. Ich merkte, dass sie dadurch einen großen Einfluss auf mich hatte. Es war ungewöhnlich, aber ich ließ es zu, weil ich es nicht als manipulativ empfand. Als Willy Brandt 1970 vor dem Mahnmal des Ghetto-Aufstands in Warschau auf die Knie fiel und sich damit vor dem polnischen Volk verneigte, hatte das eine ungeheure Wirkung – des Friedens und der Entspannung. Die Bibel erzählt eine Geschichte, die von derselben Dynamik zeugt: »Wenn du also eingeladen bist, setz dich lieber, wenn du hinkommst, auf den untersten Platz; dann wird der Gastgeber zu dir kommen und sagen: Mein Freund, rück weiter hinauf! Das wird für dich eine Ehre sein vor allen anderen Gästen.« (Lk 14,10) Wer es ausprobiert hat, weiß, dass es funktioniert. Ich verschaffe mir Respekt, indem ich den anderen respektiere.

Weil der Respekt in seinem Kern mit Gegenseitigkeit zu tun hat, besteht eine gute Chance, dass auch ein von mir einseitig erwiesener Respekt den Respekt auf der anderen Seite auslöst. Natürlich ist das keine Automatik. Aber oft ruft Respekt Respekt hervor. Denn es gilt, was Romano Guardini formuliert hat:

> Die Ehrfurcht ermutigt alles zu sich selbst.

5. Woher kommt der Respekt?

Wie wir uns Respekt verschaffen

Woher kommt eigentlich der Respekt? Was bewirkt, dass mich jemand respektiert? Wie kann ich es schaffen, dass ich respektiert werde? Jeder von uns hat da seine Strategie. Jeder und jede tut einiges dafür, respektiert zu werden. Was sind die gängigen Methoden?

Da gibt es die klassischen Wege, um sich Respekt zu verschaffen. Sie wirken teilweise fast schon automatisch und auf Anhieb.

- Besitz/Geld
- Fitness/Schönheit
- Wissen/Intellektualität
- Rang/Titel

Man kann sich Respekt verschaffen durch Besitz und Geld. Vielleicht lachen wir, wenn gerade der, der eben das Nötigste zum Leben hat, sich ein dickes Auto leistet. Ja, gerade er braucht es, um den anderen zu sagen: Respektiert mich! Wer mehr Geld hat, verschafft sich dadurch Respekt, dass er sich das nur indirekt anmerken lässt. Er hat es »nicht mehr nötig«. Man trägt vielleicht keinen auffälligen Klunker – eher einen feinen Schmuck, dessen Wert man erst auf den zweiten Blick wahrnimmt oder den nur der Kenner zu schätzen weiß.

Mit gutem Aussehen kann ich mir ebenso Respekt verschaffen. Schönheit kann andere in ihren Bann ziehen. Fast schon automatisch wird ihr Achtung entgegengebracht. Was tun wir nicht alles für unsere Fitness? Freilich soll das unserer Gesundheit zugutekommen, aber die Wirkung eines durchtrainierten oder gepflegten Körpers auf die Umwelt ist auch nicht zu verachten.

Wissen und Intellektualität sind Qualitäten, die in unserer Gesellschaft allgemein anerkannt und geschätzt werden. Auch sie verschaffen Respekt. Dummheit disqualifiziert sich selbst, gewählte Rede macht Eindruck.

Schließlich sind Titel, Rang und einflussreiche Position von Bedeutung. Dazu ein Selbstbekenntnis: Als Mönch gehe ich oft mit meinem Habit umher. Man gewöhnt sich daran, das Gewand signalisiert den anderen, dass ich Mönch (und damit etwas Besonderes) bin, und löst meistens eine positive Reaktion aus, immer aber Respekt. Als ich in Tübingen promovierte, hatte ich den Habit nicht bei mir und stellte verwundert fest, wie nackt und »normal« man sich vorkommt ohne dieses Gewand.

> Machen Sie für sich den Test: Denken Sie sich Ihr Haus weg, Ihren Partner, Ihre Stellung, was immer Ihnen Respekt verschafft – was bleibt dann übrig?

Das kann eine ernüchternde Übung sein. Aber auch befreiend, denn die Wahrheit macht immer frei.

Auf der Suche nach der eigentlichen Wurzel des Respekts müssen wir also tiefer gehen. Der Respekt kann nicht von Dingen erzeugt werden, die vergänglich und zerstörbar sind. Woher kommt er dann? Der Rapper Danny Fresh meint:

>>Vor dem Hip-Hop-Hintergrund respektiere ich vor allem Leute, die ihren Möglichkeiten entsprechend etwas tun. Zum Beispiel: Auf einer Hip-Hop-Jam tanzt einer wie der König und danach kommt jemand in den Kreis rein und macht halt die vier Moves, die er kann, aber die von Herzen. Ihm muss man die gleiche Achtung zeigen wie jedem anderen. Das ist Respekt. Im Prinzip geht's darum, zu erkennen, wo Leute herzensmäßig stehen. Leider ist das ein ziemlich ausgelutschtes Wort geworden innerhalb der Hip-Hop-Community<<.

(Danny Fresh, http://www.peacexchange.eu/doc/116-121-musik.pdf)

Respekt kommt also gerade dann ins Spiel, wenn Menschen einmal nichts Besonderes >>vorzuweisen<< haben, sondern sich auch mit ihren Grenzen den anderen zeigen und zumuten. Wenn das Herz dabei ist, dann kommt etwas Respektables durch. In der Hip-Hop-Szene wird das auch die >>credibility<<, die Glaubwürdigkeit und Authentizität genannt. >>Du kriegst hier keinen Respekt, wenn du ein Drecksack bist.<< (Crackaveli, dreiundzwanzig Jahre, Rapper in Berlin-Wedding, Label Shokmuzik) »Respekt geht an die, die auch dich respektieren.« (Vgl. Eingangsrap Crackaveli) Ist es also die Glaubwürdigkeit, die Respekt erzeugt, jedenfalls bei feinfühlenderen Gemütern? Wenn dem so ist, dann gebührt mir kein Respekt mehr, wenn ich ein »Drecksack« bin – und das mag ja auch hin und wieder vorkommen. Auch dann wäre der Respekt, der mir gebührt, von vergänglichen Bedingungen abhängig.

»Respekt ist das, was man jemandem entgegenbringt, einfach weil er ein Mensch ist«, definierte es einmal ein Pfarrer. »Er entspricht der Würde des Menschen.« Die Würde des Menschen also ist es, die den Respekt hervorbringt. Was aber, wenn der andere diese Würde nicht sieht? Was, wenn ich sie selbst gar nicht ausstrahle? Was, wenn für jemand der Mensch nicht mehr ist als ein Konglomerat von Zellen und Genen? Warum sollte ich ihm dann Respekt zollen, einer Colaflasche aber nicht?

Damit der Respekt sein Gewicht bekommt, das unabhängig von allen menschlichen Faktoren und Übereinkünften wirklich bestehen bleibt, muss man seine tieferen Wurzeln ins Auge fassen, die im Religiösen begründet sind.

Jesus von Nazareth sagt einmal: »Meine Ehre empfange ich nicht von Menschen.« (Joh 5,41) »Wenn ich mich selbst ehre, so gilt meine Ehre nichts. Mein Vater ist es, der mich ehrt, er, von dem ihr sagt: Er ist unser Gott.« (Joh 8,54)

Die religiöse Wurzel des Respekts

Nach christlicher Überzeugung hat der Mensch seine Würde von Gott: »Du hast den Menschen nur wenig geringer gemacht als Gott, hast ihn mit Herrlichkeit und Ehre gekrönt.« (Ps 8,6) Sie besteht darin, dass er ein »Bild Gottes« ist, wie es die Bibel nennt. Aus der Tatsache, dass er ein »Geschöpf« ist, dass er sich nicht selbst gehört, sondern sein Leben einem anderen, Größeren verdankt, gerade da heraus entspringt seine Würde. Um diesen Gedanken zu verdeutlichen, möchte ich gern etwas ausholen.

Die Bibel weist dem Menschen von Anfang an, schon in der Schöpfungsgeschichte, diesen besonderen Titel zu: Der Mensch ist das »Bild Gottes«.

> »Lasst uns den Menschen machen als unser Bild und Gleichnis. (...) Und es erschuf Gott den Menschen als sein Bild, als Bild Gottes erschuf er ihn, als Mann und Frau erschuf er sie.« (Gen 1,26f)

Was aber bedeutet das eigentlich? Die Aufgabe eines Bildes ist es, den Abgebildeten zu zeigen. Wenn ich das Bild meines Großvaters vor Augen habe, dann zeigt es mir meinen Großvater. Wenn der Mensch also das Bild Gottes ist, dann ist es seine Aufgabe, Gott zu zeigen, Gott sichtbar werden zu lassen. Nein, es ist nicht nur seine Aufgabe: Er *zeigt* dann Gott – *indem* er Mensch ist.

Oft benutzen wir das Wort Bild und implizieren damit die geringere Qualität im Vergleich zum Original. Wir zeigen unseren Freunden Bilder aus dem Urlaub. Aber natürlich fangen die Bilder nur annähernd ein, wie schön der Urlaub wirklich gewesen ist. Die Fotos sind »nur« Bilder von dem Geschehenen und Erlebten. Wenn man wiederum ein Bild vom Bild macht, eine Kopie, dann wird seine Qualität noch schlechter. Das Abbild entfernt sich immer weiter vom Urlaub.

Der Mystiker Meister Eckhart (1260–1327) zeigt in seinen Schriften, dass die biblische Bezeichnung vom Menschen als »Bild Gottes« nicht so gemeint sein kann. Der Mensch ist nicht ein schlechtes Abbild vom wunderbaren Urbild Gott. Er ist nicht nur ein bisschen gut, ein bisschen schön, ein bisschen gerecht. Er ist nicht nur ein etwas missglückter Gott. Wir müssen vielmehr »Bild Gottes« in einem anderen Sinn verstehen: Bild in seinem steigernden Sinn. Wir haben das noch in unserer deutschen Sprache, wenn wir sagen: »Sie ist ein Bild von einer Frau.« Damit sagen wir: Diese Frau ist besonders schön. Wenn wir sagen »Mannsbild«, dann meinen wir damit geradezu eine Steigerung von einem Mann.

Oder wir sagen »bildhübsch« und meinen damit »besonders hübsch.« In diesem Sinn ist der Mensch »ein Bild von (einem) Gott«. Wie könnte es auch anders sein, wenn sich der unendliche Gott abbildet?! Das ist ein erhebender Gedanke, der uns unsere Würde erahnen lässt.

Der Mensch nimmt also aus dieser Abbild-Beziehung sein eigentliches Sein. Gott hat uns »gebildet« – so sind wir. Wenn unser Wesen »Bild sein« ist, dann hat es etwas mit dem Sehen und dem Schauen zu tun. Und tatsächlich stellt sich Meister Eckhart vor, dass Gott den Menschen ansieht – und dieser ist. Er macht sich das an der Metapher des Spiegels deutlich. Zu Meister Eckharts Zeiten waren die Glasspiegel eine neue Erfindung und so wird er nicht müde, auf verschiedenste Weise den Spiegel zu betrachten, mit ihm zu experimentieren und dabei zu meditieren, was es eigentlich bedeutet, ein Bild zu sein. Beim Schauen in den Spiegel entsteht ja ein Bild. Also muss man daran ablesen können, was das Wesen eines Bildes eigentlich ist:

»Man halte mir einen Spiegel vor: Ob ich will oder nicht – ohne Willen und ohne Erkenntnis meiner selbst bilde ich mich im Spiegel ab.« (Meister Eckhart, Pr. 16a; DW I,259,2–5)

»Und beschaffte man einen Spiegel und hielte man ihn mir vor, mein Antlitz würde sich darin abbilden und entwerfen, ohne mein

Bemühen [arbeit]; ... und wenn es tausend Spiegel wären, so geschähe es ohne mein Bemühen [arbeit].« (Meister Eckhart, Pr. 57, DW II,600,9–10,12–13)

»Und beschaffte man einen Spiegel und hielte man ihn mir vor ... und wäre das gestern geschehen, so wäre es neu, und wiederum heute, so wäre es noch neuer und ebenso nach dreißig Jahren oder in Ewigkeit, so wäre es ewig neu.« (Meister Eckhart, Pr. 57, DW II,600,9–12)

Meister Eckhart macht also drei Beobachtungen an dem Spiegelbild: Zum einen, dass sich das Bild unwillkürlich abbildet. Ob ich es will oder nicht: Wenn ich in den Spiegel schaue, dann bilde ich mich darin ab. Das ist besonders am Morgen manchmal fatal. Zum anderen entsteht das Spiegelbild immer mühelos. Ich muss gar nichts dafür tun, es erbildet sich von allein. Und schließlich ist das Spiegelbild immer neu, das bedeutet: Jedes Mal, wenn ich in den Spiegel schaue, entsteht ein neues Bild. Ich sehe mich heute nie so in dem Spiegel, wie ich gestern war.

Übertragen wir diese Beobachtungen auf das Bild Gottes, auf den Menschen, so bedeutet das: Der Mensch als Bild Gottes entsteht unwillkürlich, mühelos und immer neu. Ob Gott will oder nicht, er *muss* sich geradezu im Menschen abbilden. Es macht ihm keine Mühe, sich im Menschen abzubilden. Und er bildet sich in ihm ständig neu ab, es ist jeweils das neue Gesicht Gottes, das sich im Menschen zeigt. Jetzt und jetzt und jetzt.

Es ist eine ungeheure Vorstellung, wenn wir diesen Gedanken in uns wirken lassen, wie es der Mystiker Meister Eckhart getan hat. Natürlich könnte man sagen: Das ist doch nur eine Metapher, wer weiß, ob es wirklich so ist. Das würde Meister Eckhart nicht leugnen. Er weiß, dass Gott bei all diesen Aussagen immer noch der Ganz Andere, der *totaliter aliter* bleibt. Er weiß um die Analogie dieser Aussagen. Aber er ermutigt uns auch, Bilder und Metaphern zu gebrauchen, wenn wir von Gott sprechen. Sie sind eben nicht »*nur* Bilder«, sondern »*Bilder*«! So nimmt er die Aussage vom Menschen als Bild Gottes ernst.

Was bedeutet es also, dass der Mensch Bild Gottes ist? Es bedeutet, dass der Mensch in dem Moment entsteht, in dem Gott ihn anblickt. Es geschieht ganz leicht, ganz von alleine, mühelos und ohne dass sich eine Absicht Gottes oder eine Absicht des Menschen – ein Wille – zwischen Mensch und Gott schiebt. So nah sind sich Gott und Mensch. Man könnte auch sagen: So *eins*. Gott und Mensch blicken sich an. Meister Eckhart schreibt:

»*Man könnte das Wort ›Ich sah den Herrn von Angesicht zu Angesicht, und meine Seele ist genesen‹ (Gen 32,30) auch so auslegen, dass der Mensch Gott von Angesicht zu Angesicht sieht, der den auf ihn gerichteten Blick Gottes erwidert. (...) Denn so bildet sich ein gemeinsamer Spross zwischen Gott (...), der auf den Gipfel der Seele hin- oder ihn anblickt, und dem heiligen Menschen, der sich ganz zurückwendet und auf Gott selbst zurückblickt, mit dem Angesicht der Seele auf das Angesicht Gottes schaut.« (Meister Eckhart, LW I,697,3–10)*

Gott schaut den Menschen an. Im Lateinischen heißt anblicken »aspicere«. Der Mensch ist also ein »aspectus« – ein Angeblickter. Der Mensch ist ein Aspekt Gottes. Daher kommt seine Würde. Weil er erst dadurch *ist*, dass er Gott zeigt, in einem Aspekt. Ein jüdisches Sprichwort sagt: »Stirbt ein Mensch, dann stirbt eine ganze Welt.« Man könnte auch sagen: Dann stirbt Gott (in einem Aspekt). Das ist der tiefere Grund, warum wir das Leben schützen, warum die Würde des Menschen unantastbar ist, nicht (nur) wegen des Menschen – nein, wegen Gott. Die göttliche Würde ist tangiert, wenn ich die menschliche verletze. Der göttliche Kern in jedem Menschen ist es, der uns letztlich den Respekt abverlangt.

> Der Mensch ist der »Aspekt« Gottes.

Gott schaut also den Menschen an. Der Mensch aber kann diesen Blick erwidern und auf Gott zurückschauen. Zurückschauen heißt im Lateinischen »respicere«.

So ist Gott der »respectus« des Menschen, der Zurück-geschaute des Menschen. Das bedeutet: Überall, wo der Mensch zurückblickt auf den, der ihn anblickt, »ent-steht« Gott. Überall, wo der Mensch Respekt erweist, wo er respektiert, wird Gott geboren. Das macht den Kern des Respekts aus. Das ist die Ursache für den Glanz, der dem Respekt innewohnt. Das macht auch die eigentliche Freude des Respekts aus. Und das lässt ihn auch zur Aufgabe werden.

Gott ist der »Respekt« des Menschen.

Noch einmal anders formuliert: Wo ich jemanden res-pektiere, sehe ich in ihm den Größeren, letztlich das Göttliche – Gott. Ich anerkenne, dass er mehr ist als seine Gene, mehr als ein Haufen von Zellen, mehr als seine gesellschaftliche Position. Ich anerkenne, dass er einen göttlichen Kern hat. Dass (auch) er unmittelbar mit Gott verbunden ist. Egal, wie er mir dann er-scheint, auch Gott erscheint in ihm. Daher soll oder darf ich ihn respektieren.

Hier liegt auch der tiefere Grund, warum wir uns alle nach Respekt sehnen. Wenn mich ein Mensch respek-tiert, dann ruft er in mir den göttlichen Kern hervor. Wenn er mich nicht respektiert, dann sieht er in mir nur den Kontrahenten oder den anderen oder was auch immer. Erweist er mir aber Respekt, dann zeigt er mir, dass ihn durch mich hindurch ein Größerer anschaut, ja Gott selbst. Wenn wir einander Respekt erweisen, dann akzeptieren wir, dass im anderen etwas Göttliches ist. Dann akzeptieren wir uns, wie wir eigentlich sind.

So, meine ich, kommt der Wert des Respekts erst dann in seine Kraft, wenn wir ihn von seinem religiösen Hintergrund aus begreifen. Nichts rechtfertigt letztlich wirklich, einander zu respektieren, außer der Tatsache, dass im anderen etwas Göttliches ist. Dass Gott uns durch ihn anschaut. Es zeigt sich hier, wie die Vorstellung der unantastbaren Würde des Menschen, die in unserem Grundgesetz und in den Menschenrechten verankert ist, eigentlich erst in ihre Kraft kommt, wenn man sie religiös fundiert. Wir wissen heute noch nicht, was aus dieser Überzeugung einmal wird, wenn unsere Gesellschaft sich weiter säkularisiert. Welchen Grund sollten die Menschen dann haben, an diesem undefinierbaren Begriff der Würde festzuhalten? Anders gesprochen: Wenn ich einen *Ganz Anderen* (totaliter aliter) anerkenne, ist es leichter, auch die Andersartigkeit jedes Menschen zu respektieren. Wenn ich jemanden bekenne, der unantastbar und unbedingt ist, dann liegt die Unantastbarkeit der Würde des Menschen näher. Wenn ich ein größeres göttliches Geheimnis respektiere, dann fällt es leichter, auch in jedem Menschen ein Geheimnis anzuerkennen. Die christliche Religion stabilisiert die Werte. Besonders den Wert der Würde und des Respekts.

6. Kultur der Achtsamkeit

Ein »Wettbewerb« im Guten

Wir können nicht täglich mit dem Bewusstsein »Ich bin ein Bild Gottes« herumlaufen. Vor lauter Gewicht könnten wir die Füße nicht mehr heben. Aber natürlich möchten wir, dass sich das, was damit gemeint ist, doch auch konkret in unserem Leben niederschlägt. Wir möchten respektiert werden und uns um Respekt anderen gegenüber bemühen. Wie kann man das verwirklichen?

Indem wir eine Wertegemeinschaft bilden. Was für jeden Wert gilt, gilt auch für den Wert des Respekts. Es ist leichter, ihn zu realisieren, wenn wir uns darüber vereinbaren. Die Übereinkunft mit anderen Menschen hilft, dass wir uns gegenseitig an diesen Wert erinnern. Die Konstituierung der Würde des Menschen im Grundgesetz will ja genau das erreichen. Wenn ich allein auf weiter Flur meine Werte lebe, werde ich es nicht leicht haben. Natürlich ist das auch bis zu einem gewissen Maße möglich, weil die Werte ja in sich einen Wert haben und berechtigt sind. Aber es ist einfacher, wenn wir miteinander eine Kultur der Werte, eine Wertegemeinschaft herausbilden.

Das geht im Fall des Respekts besonders gut. Denn Respekt ruft, wie wir sahen, Respekt hervor. »Respekt«

und »Gegenseitigkeit« hängen eng zusammen. Man steckt sich sozusagen damit an, respektvoll zu sein. Wenn die Kinder an ihren Eltern erleben, wie man respektvoll miteinander umgeht, lernen sie diese Haltung für ihr eigenes Leben. Wenn in einer Institution, zum Beispiel in einer Schule, Respekt geübt wird, entsteht ein Klima des Respekts, das gewisse Formen der Respektlosigkeit überhaupt nicht zulässt.

Die Bibel stellt sich das so vor, dass wir uns in der Verwirklichung dieses Wertes gegenseitig übertreffen sollten. Der Römerbrief sagt:

> »Seid einander in geschwisterlicher Liebe zugetan, übertrefft euch in gegenseitiger Achtung!« (Röm 12,10)

Und der Paulusbrief an die Philipper sagt:

> »Einer schätze den anderen höher ein als sich selbst.« (Phil 2,3)

Hier gibt es also geradezu einen Wettbewerb in gegenseitiger Achtung. Wer den anderen mehr achtet, gilt als der Beste. So wird alles aufgewertet und wichtig. Man suhlt sich nicht im Negativen, sondern orientiert sich am Positiven. So wie negative Verhaltensweisen sich gegenseitig verstärken können, kann dies auch bei positiven geschehen.

Alles etwas ideal? Gewiss. Wir sprechen hier von Idealen. Und jeder und jede von uns hat das Gegenteil auch schon erlebt. Das bedeutet aber nicht, dass wir vom Ideal lassen sollten. Dass wir Gott nicht sekündlich leben und spüren, will ja auch nicht dazu verleiten, mit seiner Existenz gar nicht mehr zu rechnen.

Es ist eine Kunst, sich in die gegenseitige Wertschätzung einzuüben. Und vielleicht sollten wir heute dabei wieder ganz einfach und klein anfangen. Ein erster Schritt dahin kann die Wiedereinübung von guten Manieren sein.

Gute Manieren

Die innere Haltung des Respekts braucht ihren äußeren Ausdruck, damit sie immer wieder genährt und angeregt wird. Dazu können die Manieren helfen. Diese haben in den letzten Jahren eine Wiederbelebung erfahren. Es gibt einen neuen Trend zu Knigge, Manieren-Fibeln und Etiketten-Kursen und in den Schulen wird Benimm-Unterricht angeboten.

Mit den 1968er-Jahren waren »alte Zöpfe« abgeschnitten worden. Dabei hatte man die Manieren gleich mit über Bord geworfen. Manieren galten als Herrschaftsinstrument, für die es in dem erträumten herrschaftsfreien Raum keinen Platz mehr gab.

Es kann im Rahmen dieser Betrachtung nicht auf einzelne Manieren eingegangen werden. Es mag genügen, sich hier zu vergegenwärtigen, wie achtlos es zum Beispiel ist, wenn jemand im Großraumabteil eines Zuges lauthals telefoniert. Nicht nur, dass mich dabei ausgetauschte Banalitäten nicht interessieren. Auch wenn die Telefonate sehr persönlich werden, möchte ich davon nichts wissen. Hier fehlt der respektvolle, gute Abstand. Oder aber Menschen, die sehr schnell und ungefragt ins »Du« verfallen, finde ich eher peinlich als angenehm. Die Sitte, dass man einmal mit dem »Sie« anfängt und der Ältere dem Jüngeren das »Du« anbietet, richtet zumindest keinen Schaden an, sondern würdigt die Unterschiede. Und wenn ich jemandem die Tür aufhalte, dann ist das eine kleine Aufmerksamkeit und Form des Respekts.

Asfa-Wossen Asserate, der mit seinem Buch »Manieren« das Thema auf feine und intelligente Weise in unseren Breiten wieder hoffähig gemacht hat, weist darauf hin, dass in der Neuzeit bestimmte Institutionen für die Erziehung der Manieren sorgten: der Jesuitenorden, das preußische Militär, die englischen Colleges. Manieren sind immer Ausdruck von respektvollem *Zusammenleben*. Das Problem besteht heute in unserer offenen Gesellschaft darin, wer eigentlich Manieren lehren und einfordern soll. Die Gesellschaft ist in Individuen zerfallen, die keine Manieren brauchen, weil sie das Zusammenleben auf das Nötigste reduzieren. Ein Kloster hat dagegen als weitgehend geschlossenes Milieu die Chance, hier eigene Manieren auszubilden.

Eine wichtige Rolle spielen für unsere Gesellschaft in diesem Zusammenhang die Kirchen. Selbstkritisch und demütig erkennt Bischof Wolfgang Huber die »Formlosigkeit und Formenarmut als Kennzeichen des gegenwärtigen Protestantismus« (vgl. Huber, S. 12). Gemeinsam versucht man diskret gegenzusteuern. Diskret, weil die Christen wissen, dass es letztlich nicht auf die äußere Form ankommt und ein veräußerlichter Formalismus durchaus auch Ausdruck von Respektlosigkeit sein kann.

Eine gute Schule für die Manieren ist nach wie vor die kirchliche Liturgie. Hier werden Formen und Verhaltensweisen im Raum einer gesunden Ehrfurcht und des Respekts eingeübt. Ich weiß von sehr vielen Eltern, dass sie das Engagement ihrer Kinder als Ministrantinnen und Ministranten in der katholischen Kirche besonders schätzen. Denn es gibt nicht mehr viele Räume, in denen sie so einfache Dinge lernen können wie einmal schweigen können, aufrecht sitzen und nicht zappeln, sich im Gleichklang mit anderen bewegen.

Der Kern der Manieren ist, so Asserate, die Kultur der Achtsamkeit, ein Umgang miteinander, in dem sich die Liebe zum Nächsten wie zu sich selbst spiegelt. Asserate ergänzt die Aufmerksamkeit noch mit dem Aspekt der »Nachlässigkeit«. Es kann bei den Manieren nicht um ein »manieriertes«, kleinliches Verhalten gehen, sondern gerade eine gewisse Großzügigkeit ist Ausdruck guter Manieren. (Vgl. Asserate, S. 39ff) Anders gesprochen: Ich habe nicht wirklich Respekt vor dem anderen, wenn ich ängstlich fixiert bin auf das, wie ich mich ihm gegenüber im Detail zu verhalten habe. Damit nehme ich ihn auch nicht ernst.

Gute Manieren gehen irgendwann in Fleisch und Blut über. Die Mönche zum Beispiel bleiben vor einer Mahlzeit zunächst am Tisch stehen, um innezuhalten und zu beten, bevor sie sich dann hinsetzen. Wenn ich nun irgendwo außerhalb des Klosters esse, schaden diese Manieren nicht. Wenn alle anderen sofort zu Tisch fallen, erinnert mich hingegen mein eingeübtes Verhalten daran, zunächst Gott kurz zu danken, dass er uns wieder das Essen schenkt. Manieren schaden eigentlich nie, sofern sie nicht mit Furcht aufgeladen sind, sondern sie sensibilisieren mich selbst dort, wo ich fremd bin und ganz andere Manieren von mir gefordert sind.

7. Respekt vor der Schöpfung

Der Glanz des Göttlichen fällt nach der Überzeugung des Mystikers Meister Eckhart und nach christlicher Tradition nicht nur auf den Menschen, sondern auf die gesamte Schöpfung. Eigentlich gibt es nichts, was nicht mit Gott in Verbindung stehen würde, insofern hat alles einen Anspruch auf Achtung. Das gilt für Tiere, Pflanzen, für die ganze Erde. Nicht immer ist die Kirche in dieser Beziehung vorbildlich gewesen, aber auch da hat sich einiges geändert.

Gerade der Respekt vor den Tieren ist heute ein großes Thema. Ob man so weit gehen muss, den Tierschutz zum Beispiel ins Grundgesetz aufzunehmen, möchte ich dahingestellt lassen. Ich meine eher, dass man wiederum im Sinne des Respekts auch die Unterschiede würdigen muss, die zwischen Menschen und Tieren bestehen. Aber eine Achtung vor den Tieren ist unstrittig. Ich bin immer wieder beeindruckt, wenn ich höre, welch große und belebende Wirkung Tiere, insbesondere Haustiere, auf den Menschen haben. Ein Problem habe ich höchstens dort, wo den Tieren mehr Aufmerksamkeit geschenkt wird als den Menschen.

Eine Frage, was den Respekt vor Tieren angeht, ergibt sich im Zusammenhang mit Nutztieren. Hier möchte ich von einem sehr beeindruckenden Erlebnis erzählen, das ich in unserem Kloster machen durfte. Wir bekommen als Mönche sehr gutes Fleisch auf unseren Tisch aus der eigenen Metzgerei. Und sehr viele Menschen kaufen gerne von den in unserem Kloster produzierten Wurst- und Fleischwaren. Mönche sollen eigentlich nicht so viel Fleisch essen, empfiehlt der Ordensgründer Benedikt von Nursia in seiner Regel. (Vgl. RB 39,11) Die Erfahrung der Mönche ist es, dass leichtere Kost den Geist wacher hält. Aber es ist alles eine Frage des Maßes, für Benediktiner sowieso. Und so genießen wir auch immer wieder einmal ein gutes Steak oder köstliche Würste, gerade wenn wir hart gearbeitet haben. Das Besondere an unserem Fleisch aber ist, dass wir wissen, woher es kommt. Die Rinder stammen aus unserer eigenen Landwirtschaft. Täglich gehe ich an ihnen vorbei, wenn ich zum Verlag arbeiten gehe. Und dann denke ich mir immer: »Du, liebes Rind, wie lange wirst du wohl noch leben? Eines Tages wirst du für mich sterben, damit ich etwas Gutes zu essen habe.« Mich befällt dann eine Mischung aus Mitleid mit dem Tier, aber auch Dankbarkeit und Respekt.

Jeden Montagmorgen wird mindestens ein Stück Vieh vom Stall auf einem Wagen in die Metzgerei gebracht. Und immer wenn ich so einen Zug an mir vorbeifahren sehe, dann steigt mein Mitgefühl mit diesem Tier. Eines Tages wollte ich wissen, wie so ein Tier geschlachtet wird. Viele der Älteren wissen aus eigener Erfahrung, wie man ein Huhn oder ein Schwein oder ein Rind schlachtet. Heute ist die Schlachtung zumeist in große, industrielle Betriebe verlegt. Die Intention der Vegetarier hat unter anderem hier ihre Spitze: Sie wenden sich dagegen, *dass* Tiere geschlachtet werden und *wie* sie geschlachtet werden. Dass Tiere geschlachtet werden, halte ich für einen notwendigen Bestandteil in unserem natürlichen Lebensrhythmus: Alles Leben lebt voneinander. Ein Leben stirbt, damit ein anderes leben kann. Die Erlaubnis im biblischen Buch Genesis, »uns die Erde untertan zu machen«, gibt uns nicht einen Freifahrtschein, sie zu missbrauchen, aber sie betont, dass wir kein schlechtes Gewissen haben müssen, wenn wir sie gebrauchen. Die Kette hört ja übrigens nicht beim Menschen auf. Auch der Mensch selbst gibt sein Leben hin, seine Zeit, für vieles und viele. Wenn sich die Mütter und Väter die Nächte um die Ohren schlagen, weil ihr Baby nicht schlafen kann. Wenn sie sich später persönlich finanziell einschränken, damit ihre Kinder eine gute Bildung bekommen können. Wenn jemand seine Zeit und Nerven opfert, um seine alten Eltern zu pflegen. Freilich ist das alles nie eine Einbahnstraße, man bekommt auch etwas in dem Moment, in dem man etwas gibt – aber man gibt eben! Was aber geben wir den Tieren, wenn wir sie schlachten? Wir bekommen etwas, das steht außer Frage, was aber geben wir ihnen?

Ich wollte daher selbst bei einer Schlachtung dabei sein und bin eines Tages dem »Zug« mit dem todgeweihten Kalb gefolgt. Es war auch noch ein Kalb! Das erste Aufregende war für mich, dass unser Landwirt selbst das Kalb begleitet hat, bis in den Schlachtraum hinein. Bruder Titus, der die Geburt des Kalbes erlebt, der es gefüttert hat, der, wenn es krank war, den Tierarzt geholt hat, der es täglich gesehen und beim Namen gerufen hat, genau er begleitet das Tier auf seinem letzten Weg. Das fand ich einen feinen und guten Zug. Nicht dass der Mensch sich aus dem Staub macht, wenn ein Geschöpf für ihn sein Leben lässt. Nein, er ist dabei – das empfand ich als Zeichen des Respekts. Als es dann zum Schlachten ging, dachte ich, Bruder Titus würde sich jetzt vielleicht verabschieden – nein, auch da blieb er dabei. Ich empfand ihn wie einen Anwalt für die Würde dieses Tieres. Dass ihm dieser Gang, der inzwischen sicherlich absolute Routine war, nicht wirklich Spaß machte, merkte man daran, dass alles, was geschah, schweigend geschah. Das war für mich das Eindrucksvollste am Schlachten. Das Tier merkte irgendwie, dass ihm etwas drohte. Umso schneller und gezielter griffen die vier Männer zu und vollbrachten das Notwendige. Bei all dem – kein Wort. Es war für mich ein Schweigen der besonderen Art. Nicht das Schweigen des Montagmorgens, an dem man zu müde ist, um zu reden. Es war ein Schweigen, das mit Respekt gefüllt war. Ich konnte es spüren. Respekt im Raum. Die Metzger *wussten*, was sie taten.

Für Landwirte sind das alles keine aufregenden Erfahrungen, für mich Stadtgeborenen aber war es eine ganz wichtige. Ich spürte: So stimmt es. Das ist, was wir den Tieren geben können, ja geben *müssen*, wenn wir sie für uns in Anspruch nehmen. Wenigstens das! Mit dem Respekt war der nötige Ausgleich geschaffen.

Ähnliches geschieht ja auch bei der Jagd. Der Jäger legt dem erlegten Tier etwas ins Maul oder auf das Einschussloch: den »letzten Biss«. Die genauen Regeln, denen in unserem Land die Jäger untergeordnet sind, zeugen von dem Wissen, dass man den Tieren mit Respekt zu begegnen hat.

Wenn wir Mönche dann später beim Essen das Kreuzzeichen machen, wenn wir mit einer Stille beginnen oder – wie meistens – das Essen in Stille einnehmen, dann ist da auch der Respekt vor all dem enthalten, das geopfert werden musste und sich geopfert hat. Was für Tiere gilt, gilt auch für die Pflanzen. Wir leben von ihnen, in vielfacher Hinsicht.

Das Ganze der Schöpfung zu sehen und zu respektieren, hat mich einmal ein alter Mitbruder gelehrt, der für unseren Obstgarten zuständig ist. Wir waren im Herbst beim Apfelernten und hatten Freude an der guten Ernte. Wir holten alle Speiseäpfel vom Baum und schüttelten den Rest als Mostobst herab. Als noch drei oder vier Äpfel am Baum hingen, bremste mich der Mitbruder und sagte: »Lass noch ein paar daran! Auch andere wollen etwas von den Äpfeln haben.« Hier ging mir der Respekt vor der Natur als Ganzheit auf.

Ja, die Erde und die Natur sind heilig, so wie es der Mensch ist. Der Häuptling Noah Seattle sagte den berühmten Satz:

> »Jeder Teil dieser Erde ist meinem Volk heilig!«
> (Häuptling Seattle)

Wenn der alte Papst Johannes Paul II. bei seinen Besuchen weltweit jeweils aus dem Flugzeug stieg und als Erstes den Boden küsste, könnte man das als postkolonialistische Geste werten. Für mich war es, weil er ja gar keinen politischen Anspruch mehr hatte, eher der Ausdruck des Respekts gegenüber diesem Flecken Erde. Wer die Erde küssen will, muss sich dabei ganz hinabbeugen. Wahrscheinlich hat ihm das deshalb auch niemand verboten.

Der heilige Benedikt weitet den Gedanken der Heiligkeit der Schöpfung sogar auf Gegenstände und die Dinge unseres Alltags aus. Er sagt:

> »Alle Geräte des Klosters und den ganzen Besitz betrachte der Mönch (der Cellerar) wie heilige Altargefäße.«
> (RB 31,10)

Das ist eine Anleitung zur Achtsamkeit. Denn Altargeräte fasst man behutsam an. Warum sollen wir selbst Dinge sorgsam behandeln? Nicht nur aus Sparsamkeitsgründen. Menschen haben dafür gearbeitet. Material von unserer Mutter Erde wurde dafür verwendet. Energie wurde eingesetzt. Und für die Mönche gilt, dass der Besitz des Klosters allen Mitbrüdern gehört, also auch den anderen. Letztlich gehört er Gott. Die Welt ist wie ein großer Altar. Alles, was wir darauf finden, ist dafür da, Gott die Ehre zu geben.

8. Respekt zwischen Liebenden

Respekt hilft nicht nur Menschen, die einen großen Abstand voneinander haben, sondern ist auch gut für die, die sich sehr nahe sind. Selbst den Liebenden tut der Respekt gut. Ja er ist auch für sie nötig. Das kann man gut an der Trauungsformel sehen:

> (Name der Braut/des Bräutigams),
> vor Gottes Angesicht nehme ich dich an
> als meine Frau / meinen Mann.
> Ich verspreche dir die Treue in guten und in bösen Tagen,
> in Gesundheit und Krankheit,
> bis der Tod uns scheidet.
> Ich will dich lieben, achten und ehren
> alle Tage meines Lebens. *(Anstecken des Rings)*
> Trag diesen Ring als Zeichen unserer Liebe und Treue.
> Im Namen des Vaters und des Sohnes
> und des Heiligen Geistes.

In dieser Formel der katholischen Trauliturgie finden sich die Worte: »Ich will dich lieben, achten und ehren«. Auch die evangelische Version enthält diese Stichworte. Bei den Traugesprächen empfehle ich den jungen Paaren immer, das gesamte Vermählungswort auswendig zu lernen. Dabei kann man die Worte, die sich über

Jahrhunderte, ja Jahrtausende bewährt haben, besser verinnerlichen. Was verspreche ich dem Partner eigentlich? In der Formel ist es gut ausgesprochen: die Treue und die Liebe. Die Formulierung aber für die Liebe macht stutzig und ist für die meistern ungewohnt. »Ich will dich lieben, achten und ehren.« Warum diese Formulierung? Ein Bräutigam sagte mir einmal: Mit der Liebe fängt alles an. Da kann ich auch selbst etwas tun. Dann kommt die Achtung ins Spiel. Sie beginnt da, wo ich nichts machen kann, als den anderen so zu nehmen, wie er ist. Hier kommt der Unterschied in den Blick, der andere als anderer. In der Achtung ist keinerlei Bewertung des anderen erhalten. Im »Ehren« schließlich gebe ich dieser Beziehung zum anderen eine Wertung. Ich zeige: Du bist *gut*, so wie du bist. Das ist mehr als »Achtung«. Am Anfang »verehrt« man jemanden, später »ehrt« man ihn.

Eine zweite Deutung sieht ebenfalls im Lieben, Achten und Ehren die Chance der Reifung und Entwicklung für die Beziehung. Niemand kann den anderen immer nur »lieben«. In der ersten Phase der Beziehung ist es ein Leichtes, sich zu lieben. Das Neue zieht mich an. Das andere fasziniert mich. Und: Die Biologie schiebt kräftig mit. Die Liebe steht am Anfang im Vordergrund. Dann aber gibt es Situationen oder Erfahrungen, wo ich den anderen nicht lieben kann – selbst beim besten Willen. Hier kommt die »Achtung«

ins Spiel. Selbst wenn ich auf den anderen zornig bin, wenn ich mich mit ihm »fetze« – der Respekt sollte zwischen uns sein. Das habe ich versprochen. Nach meiner Erfahrung ist es gerade der Respekt, der die Liebe über Durststrecken hinüberrettet. Im Respekt ist die Liebe enthalten. Wenn ich jemanden respektiere, halte ich für ihn eine Tür offen. In einer Partnerbeziehung bedeutet das: Den anderen auch in seinem anderen Geschlecht zu respektieren. Ich muss nicht unbedingt alles lieben, was die Frau tut oder wie sie ist, wenn ich sie doch wenigstens – auch und besonders als Frau – achte. Ich muss nicht gut finden, wie der Mann ist oder was er tut oder lässt – aber ich sollte ihn als Mann achten. Und ihn nicht verachten wegen seines Geschlechts. Die Achtung kommt letztlich aus der Liebe und so kann sie – wenn sich die Liebe einmal zurückgezogen hat – die Brücke bauen zum anderen, bis sich die Liebe wieder nach vorne traut.

Die dritte Stufe des Versprechens ist die tiefste und, wenn man so will, anspruchsvollste. Sie will den anderen, die andere ehren. Das ist ein ganz altmodischer Begriff, der in unserer Alltagssprache gar keine Rolle mehr spielt. Umso interessanter ist es, darüber nachzudenken, was er eigentlich beinhaltet. Letztlich kommt die Ehre immer Gott zu. Er ist der Einzige, dem sie unbedingt gebührt. Das Wort Ehre bringt das Göttliche mit ins Spiel. Nach christlicher Auffassung ist jeder Mensch

Abbild Gottes. In seiner Seelenspitze sitzt das göttliche Bild, wird Gott ständig neu geboren. »Christus im Bruder« nennen das die Mönche: In jedem Mensch ist Gott anwesend. Seit Gott Mensch geworden ist, wissen wir, dass Menschsein und Gottsein ineinandergehen und gehen können. Hier liegt, wie wir ja auch schon gesehen haben, der innere Kern des Respekts. Wenn ich den anderen ehre, dann respektiere ich seine göttliche Herkunft. Da sehe ich ihn nicht nur als den anderen, sondern als den, in dem der *Ganz Andere* – Gott – wohnt.

Was heißt das konkret? Ich bin eingeladen, auch das Geheimnis des anderen zu bewundern, zu ertasten, voller Respekt vor ihm zu verweilen. Ich darf, auch vor meinem Partner, Ehrfurcht haben. Nicht Furcht! Aber Ehrfurcht. Und ist es nicht so? Lerne ich nicht, je länger ich den anderen kenne nicht nur auch seine Schwäche und »schwarzen Löcher« kennen, sondern ebenso seine besondere Schönheit, seine wirkliche innere Größe, das Wunderbare an ihm? Jeder Mensch hat eine Tiefe, die mit dem Göttlichen verbunden ist. Wenn ich daran glaube, dann bleibt es der andere *für immer* wert, dass ich mich ihm versprochen habe. Wenn er einen göttlichen Kern besitzt, dann ist es auch möglich, ihn letztlich so anzunehmen, wie er ist. Selbst wenn dieser Kern noch nicht ganz zum Leuchten gekommen ist, sein Glanz verstellt oder verschattet ist. Er ist in ihm/ihr! Dieser Kern wird es auch ermöglichen, dass sich der andere wandeln kann. Beim »Ehren« berühren sich Liebe und Glaube. Ich glaube daran, dass der andere immer liebenswert für mich ist. Bei Trauungen durfte ich das schon sehr oft erfahren. Wenn sich das Paar das Jawort gibt, entsteht nicht nur eine innige Stille, sondern eine heilige Stille. Man spürt, Gott selbst ist hier dabei und am Werk. Der göttliche Kern des einen berührt den göttlichen Kern des anderen. Gott berührt sich gleichsam selbst. Das ist so ergreifend, dass man meistens weinen muss und hinterher tanzen und feiern.

Wer daran nicht glauben kann, soll sich nicht beunruhigen. Daran zu glauben tut nicht not. Denn Liebe, Achtung und Ehrfurcht hängen innerlich zusammen, sodass sich eines aus dem anderen entwickeln kann. Die alten Kirchentexte der Trauungsliturgie sind keine Forderung, sondern das Kondensat einer Erfahrung. Sie möchten uns ermutigen, die Tiefe der Liebe auszuloten und dabei den Respekt nicht zu vergessen.

9. Respekt zwischen den Generationen

Als ich das erste Mal in Afrika war, war das für mich eine Wende in vielen meiner Einstellungen. Ich erinnere mich noch gut, als ich wieder zurückkam und auf dem Flughafen Frankfurt am Main landete. Ich schaute mich um und wunderte mich: Hier war etwas anders. Hier fehlte etwas. Hier fehlten die Kinder. Wo immer man in Afrika ist, sieht man Kinder. Auf den Straßen, überall laufen sie herum. Sie prägen das Bild. Kein Wunder, es gibt dort ja viel mehr Kinder als hier in Europa.

So viele Kinder wie es in Afrika gibt, so viele Alte gibt es hierzulande. Das macht einen großen, auch atmosphärischen Unterschied. Wovon es viel gibt, dessen »Wert« ist weniger hoch als jenes, wovon es wenig gibt. Nun sollte man annehmen, dass dieses marktwirtschaftliche Gesetz nicht für den Menschen gilt, der eine unantastbare Würde in sich trägt, aber die Wirklichkeit sieht anders aus.

In Afrika ist der alte Mann, die alte Frau etwas ganz Besonderes. Wer alt geworden ist – und das werden nicht viele –, an dem ist ablesbar, dass es das Leben mit ihm besonders gut gemeint hat. Er ist gesegnet. Er hat die vielen Krankheiten und Gefahren überstanden und überlebt, die ständig lauern: verschmutztes Wasser, knappe Lebensmittel, giftige Schlangen, unzureichende medizinische Versorgung, das extreme Klima. In Ostafrika nennt man den Alten »Mse«. Das ist ein Ehrenname. Auf den Mse wird besondere Rücksicht genommen. Er repräsentiert den Segen Gottes.

Ganz anders verhalten sich die Afrikaner gegenüber den Kindern. Eine Frau bringt durchschnittlich immer noch fünf Kinder zur Welt. Die Sterblichkeit der Kinder ist nach wie vor hoch. Ein Mitbruder, Missionar in Tanzania, erzählte mir einmal, wie schwierig es sei, die Afrikaner davon zu überzeugen, dass bereits im Baby und im Kleinkind schon die ganze Würde des Menschen anwesend ist. Die Leute wollen nicht, dass ihr Kind, wenn es jung stirbt, von einem Priester beerdigt wird, ein Katechet darf es vielleicht sein. Nicht selten, dass man die verstorbenen Kinder einfach verscharrt. Je älter sie aber werden, desto mehr »Mensch« werden sie. Am Anfang sind sie »Brut«. Ich fand auch immer wieder erstaunlich, wie mit den Kindern umgegangen wird: Man packt sie zum Beispiel an einem Ärmchen und schleift sie irgendwohin. »Lieblos« würde man das hier nennen. Viele Kinder müssen selbstverständlich mitarbeiten, und sobald das nächste Baby geboren ist, muss das älteste Kind selbstverständlich das Zweitjüngste der Mutter abnehmen und auf dem Rücken tragen.

Welch ein Unterschied zu unseren Breiten! Wie hier die Kinder manchmal verhätschelt und vertätschelt werden. Ein unglaublicher Aufwand wird für jedes Kind betrieben. Das beginnt bei der Auswahl des Kinderwagens und geht bis zur Fülle des Spielzeugs. Denn wir wissen: Unsere Kinder sind »kostbar«. Sie sind unsere Zukunft und im Alter werden wir von ihnen leben.

Die Überbewertung der Jugend aber hat wohl nicht immer mit Respekt zu tun. Man hat manchmal den Eindruck, dass die Kinder und Jugendlichen gar nicht mehr jung sein dürfen. Sie sollen schon vieles sehr früh selbstständig entscheiden. Auf der anderen Seite sind sie bereits als Grundschüler verplant und haben volle Terminkalender. Die Eltern wiederum haben die Tendenz, sich als immer jugendlich zu geben, was den Jüngeren keine Orientierung bietet.

Auch in Betrieben und Behörden ist das Ideal der Jugendlichkeit spürbar. Man stürzt sich geradezu auf die jüngeren Mitarbeiter. Sie haben ja noch Ideen und sind vor allem unverbraucht und unbelastet von schwierigen Beziehungen. Sie sollen dann richten, was unter den Alten nicht mehr geht. Dass aber unsere Gesellschaft insgesamt zu einer neurotischen Fixierung auf Neues und ständige Neuerungen neigt, hängt damit zusammen, dass man den Jungen in wesentlichen Dingen so viel Raum gibt. Was dabei besonders ärgert, ist die Respektlosigkeit gegenüber den Erfahrenen. Erfahrung spielt nur eine geringe Rolle. Wenn man beginnt zu erzählen, wie es schon einmal ging, wird man mit einer Flut von modernen und neuen Begriffen belehrt, dass es heute oder jetzt *ganz* anders ist. Damit ist man aber nicht nur achtlos gegenüber den Älteren, sondern auch die Jungen werden vereinnahmt und in gewisser Weise missbraucht. Ob sie selbst das Tempo werden durchhalten können? Burnout kommt heute schon bei Dreißigjährigen vor.

Wie aber sollte das Verhältnis zwischen den Generationen idealerweise sein? Wie sollten sich Alt und Jung zueinander verhalten? Die Bibel hat eine ganz einfache Richtschnur entwickelt, die in die »Zehn Gebote« eingegangen ist und die wir alle kennen.

> »Ehre deinen Vater und deine Mutter, damit du lange lebst in dem Land, das der Herr, dein Gott, dir gibt.«
> (Ex 20,12)

Vater und Mutter gebührt Respekt, ja sogar Ehre. Die Begründung dafür ist in den »Zehn Geboten« zum einen ganz pragmatisch: »Das wird dir ein langes Leben verschaffen«. Ehre und Respekt gegenüber den Vorgängergenerationen ist wie ein Generationenvertrag. Wenn ich meine Eltern ehre und meine Kinder das sehen, dann besteht die Chance, dass auch meine Kinder mich einmal ehren werden. Wenn ich hingegen meine Eltern nicht ehre, warum sollten dann meine Kinder mich einmal respektieren, wenn sie alt genug sind, sich ihre eigenen Gedanken zu machen? Respekt ist das »Schmiermittel« zwischen den Generationen. Ohne Respekt können Menschen verschiedenen Alters auf Dauer nicht zusammenleben.

Das Vierte Gebot zieht die Linie aber noch weiter aus: Wenn du deine Eltern ehrst, wirst du lange leben in dem »Land, das *der Herr, dein Gott,* dir gibt«. Das ist die religiöse Begründung des Respekts gegenüber den Eltern, die es zur Stabilisierung des Wertes offensichtlich braucht. Pragmatik allein wird schnell vergessen. Der tiefere Grund, warum wir unsere Eltern ehren sollen, ist: Sie sind das Land, auf dem wir gewachsen sind, sie sind die Erde, aus der wir stammen. Wir verdanken uns ihnen. Sie wiederum verdanken sich ihren Eltern. Und so weiter. Wir alle aber verdanken uns Gott. Er ist es, der das Land gibt; er ist es, der uns das Leben schenkt. Dem großen Vater, der großen Mutter, gebührt eigentlich die Ehre. Und davon fällt ein Strahl auch auf unsere eigenen Vorfahren.

Die Versuchung, das Alter herabzusetzen, ist nicht neu: »Auf, wir wollen die Armen ausbeuten, die nach Gottes Geboten leben! Wir haben kein Mitleid mit der Witwe und keinen Respekt vor dem grauen Haar des Greises«, heißt es im biblischen Buch der Weisheit (vgl. Weish 2,10). Und im Buch Jesus Sirach: »Mein Sohn, wenn dein Vater alt ist, nimm dich seiner an und betrübe ihn nicht, solange er lebt. Wenn sein Verstand abnimmt, sieh es ihm nach und beschäme ihn nicht in deiner Vollkraft!« (Sir 3,12f) Ja, die Alten gehören zu den Schwachen, deshalb bedürfen sie des besonderen Schutzes und der bewussten Aufrechterhaltung des Respekts. Wenn sie dann ihre Marotten entwickeln, werden sie freilich leicht zur Zielscheibe von Missachtung. Ich erinnere mich, wie mein Bruder und ich uns immer darüber lustig gemacht haben, dass unsere Oma so viel Obst eingemacht hat. Ganz unreflektiert fanden wir das einfach lächerlich, weil man sehen konnte, dass sie die Mengen nie selbst verzehren, nicht einmal verschenken konnte. Was wir dabei nicht beachteten: dass sie aus einer Zeit der Entbehrung stammte, wo sie horten musste, was ging, weil es ums Überleben ging. Gerade in den Schwächen der Alten zeigt sich ihre Geschichte, ihr Leben. Und das gilt es zu respektieren. Wir haben unser Leben von niemand anderem als von ihnen!

In der systemisch-therapeutischen Arbeit wird dieser Vorrang der früheren Generationen wieder neu entdeckt. Wenn im Familiensystem zum Beispiel eine unheilvolle Verwicklung anzutreffen ist, besteht die Heilung darin, dass man den Vorderen, das heißt den Vätern, Müttern, Großmüttern oder Großvätern bewusst den Vorrang gibt. In der konkreten therapeutischen Arbeit geschieht das durch eine Verneigung, meist mit einem Wort verbunden, wie zum Beispiel: »Du bist der Erste, du bist vor mir. Von dir habe ich mein Leben.« Man erweist den Vorfahren Respekt, und zwar gerade insofern sie Vorfahren sind. Gerade darin besteht ihre Würde und Stellung. Diese Haltung wird auch bereits verstorbenen Verwandten gegenüber entgegengebracht. Es ist also in dieser Auffassung sogar zweitrangig, ob jemand überhaupt noch lebt oder nicht: Er hat Vorrang, ihm gilt besonderer Respekt.

Natürlich gibt es die Respektlosigkeit auch in der anderen Richtung: von Seiten der Alten gegenüber den Jungen. Respektlos empfinde ich zum Beispiel das Schuldenmachen auf Kosten kommender Generationen. Eine konfuzianische Weisheit besagt, dass die Versuchung für die Jugend in der Triebhaftigkeit liegt, die für das Mittelalter im Zorn, die für das Alter aber im Geiz. Die Alten wollen nicht hergeben, nicht loslassen, nicht kürzertreten, sondern erhalten »auf Teufel komm raus«, selbst wenn die Nachkommen darunter werden leiden müssen. Dass es die Jüngeren angesichts der quantitativen Mehrheit der Älteren in Zukunft nicht leicht haben werden, sollte von den Alten auch gesehen werden.

In einem Kloster leben viele Generationen unter einem Dach. Unser Jüngster ist dreiundzwanzig, der Älteste sechsundneunzig Jahre alt. Der heilige Benedikt hat in seiner Regel für das friedliche und respektvolle Zusammenleben der Generationen eine Formel gefunden, die wir bis heute zu beherzigen versuchen und die sich bewährt hat. Sie lautet:

> »Die Jüngeren sollen die Älteren ehren, die Älteren die Jüngeren lieben.« (RB 63,10)

Hier haben wir wieder das Begriffspaar »lieben« und »ehren«. Die Zuordnung aber ist interessant. Die Jüngeren sollen die Älteren ehren. Sie sollen sie respektieren. Die angemessene Haltung von Jung gegenüber Alt ist der Respekt. Es heißt nicht, die Jüngeren sollten die Älteren lieben. Nun wissen wir, dass Kinder ohnehin nicht anders können, als ihre Eltern zu lieben. Die Älteren sollten den Jüngeren gegenüber nicht in erster Linie Partner, Kumpel, Freunde sein. Natürlich ist es gut, dass Kinder ihre eigenen Eltern heute nicht mehr siezen müssen, aber manchmal schwindet doch der notwendige Abstand zu den Älteren. Ohne diesen aber können die Jüngeren nicht wachsen. Die Älteren sind einfach vor mir – mit Abstand.

Umgekehrt sollen die Älteren die Jüngeren lieben. Das schließt natürlich die Achtung ein. Manchmal aber vergessen wir vor lauter Achtung den Jüngeren gegenüber, dass wir sie einfach lieben sollen. Zu viel der Achtung gegenüber den Jüngeren kann auch eine Art der Lieblosigkeit sein. Wenn ich zum Beispiel aus sogenanntem Respekt ganz auf eine religiöse Erziehung der Kinder verzichte, nach dem Motto: »Sie sollen später einmal selbst entscheiden können ...«, kann das auch eine bequeme Lieblosigkeit sein. Wenn ich ihnen hingegen vom Herzen her weitergebe, was für mich persönlich selbst heilig ist, dann tu ich ihnen wirklich Gutes. Das Verhältnis von Alt zu Jung soll vor allem von Liebe geprägt sein, so der heilige Benedikt. Die Jüngeren sind nach mir – das heißt: Ich bin ihnen nahe.

10. Respekt in Schule und Erziehung

Respekt spielt in der Schule und in der Erziehung eine große Rolle. »Respekt« ist ein Schlüsselbegriff für die Pädagogik – sowohl was den Inhalt des Lernens angeht als auch was seinen Stil betrifft. Wenn Kinder und Jugendliche Respekt gelernt haben in ihrer Schulzeit, ist sehr viel gewonnen. Und sie werden Respekt am ehesten lernen, wenn sie ihn in der Schule erfahren haben.

Das beginnt selbstverständlich bei der Achtung, die die Erziehenden selbst ihren Schülern entgegenbringen. Vor allem dürfen die Schüler erfahren, dass auch die Lehrer noch Lernende sind. Wenn sie für ihre Schüler und mit ihnen lernen, ist das eine Form des Respekts. »Erziehung besteht in der Erziehung des Erziehers«, pflegte ein Mitbruder mit langjähriger erzieherischer Erfahrung immer zu sagen.

Als ich selbst junger Erzieher in unserem Klosterinternat war und noch völlig unerfahren, erlebte ich meine »Taufe« in dieser Rolle. Einige Sechstklässler hatten ihren Spaß dabei, mit Wasserpistolen um sich zu schießen. Es war Sommer und heiß, es war in einem rundum gekachelten Flur, und ich sah die Vitalität und Freude, die die Jungs bei ihrem Spiel hatten. Da kam ein kleiner Fünftklässler auf mich zu, stellte sich ganz nah zu mir hin und flüsterte: »Abnehmen!« Ich verstand zunächst überhaupt nicht, was er meinte. Er wiederholte noch einmal: »Abnehmen!« Dann begriff ich: Ich hatte als Erzieher die Wasserpistolen abzunehmen und einzuziehen. Das war Hausregel. Eine schöne Erfahrung: der Zuerziehende bringt dem Erzieher bei, was er zu tun oder zu lassen hat. Das ist ein seltener Glücksfall gewesen. Ein paar Wochen später wären die Kinder nicht mehr bereit gewesen, so behutsam mit mir umzugehen. Auch junge Eltern erzählen mir immer wieder, wie sie durch ihre Kinder selbst lernen, was sie tun sollen in der Erziehung und was nicht. Letztlich also beruht der erzieherische Prozess auf Gegenseitigkeit, weil keiner der Beteiligten »der bessere Mensch« per se ist. Seinen Respekt gegenüber der Jugend bringt der heilige Benedikt einmal so zum Ausdruck: »Oft offenbart der Herr einem Jüngeren, was das Beste ist.« (RB 3,3)

Deshalb ist der erste Schritt für den Lehrer, die Lehrerin, den Erzieher, die Erzieherin, die Jüngeren zu respektieren als Menschen mit vollständiger Würde. Doch es gibt auch den anderen Aspekt. Zwischen Erziehendem und Zuerziehendem gibt es ein klares Gefälle. Im Grunde haben mir die Kinder mit ihren Wasserpistolen genau das beigebracht: Sie erwarteten, dass ich – einseitig – hier für die Respektierung einer Hausregel sorgte.

> Schüler brauchen Lehrer,
>
> zu denen sie aufschauen können,
>
> die ihnen voraus sind,
>
> die sie respektieren können.

Wie aber wird man zu einem Lehrer, den die Schüler respektieren? Es ist seine fachliche Autorität und seine persönliche Autorität, die ihm zu Respekt verhelfen. Die fachliche kann er sich aneignen und immer weiter vervollkommnen. Die persönliche kann er entwickeln, indem er immer wieder an seinen persönlichen Haltungen und Einstellungen übt.

Auch im erzieherischen Bereich möchte ich eine Lanze für Formen, Rituale und Manieren brechen. Dazu ein weiteres kleines Aha-Erlebnis aus meiner Zeit als Lehrer: Eines Tages musste ich in den Klassenraum eines Kollegen gehen. Er unterrichtete gerade in einer tschechischen Gastklasse, die in unserer Klosterschule zu Besuch war. Es war mir unangenehm zu stören, aber es ging nicht anders. Ich klopfte an der Klassenzimmertür und trat in den Raum ein. Da gab es auf einmal ein großes Rumpeln, denn die gesamte Klasse stand innerhalb von Sekunden auf, weil ich, eine erwachsene Lehrkraft, den Raum betreten hatte. Mir war das peinlich. Ich deutete an, die Schüler sollte sich setzen, ich wollte ja gerade *nicht* stören. Nachdem ich kurz mit dem Kollegen geredet hatte, ging ich wieder zur Tür, um den Raum zu verlassen. Kaum hatte ich die Klinke in der Hand, stand die ganze Klasse schon wieder. Mein Nachgeschmack nach diesem Erlebnis: Ich war berührt und beeindruckt, weil man mir Respekt erwiesen hatte. Zwar mutete mich der nachsozialistische Drill, der an der Begebenheit durchaus zu spüren war, fremd an, aber im Letzten empfand ich diese Manieren als wohltuend. Dies vor allem vor dem Hintergrund der Erfahrung, dass man sich als Lehrer heute nicht selten auf den Fluren zwischen den Schülern hindurch den Weg bahnen muss. Keine Rede davon, dass die Schüler vielleicht einmal Platz machen, weil da der Ältere oder Vorgesetzte kommt.

Das Beispiel ist vielleicht etwas extrem. Aber gerade für einen jungen und unerfahrenen Lehrer, dessen fachliche wie persönliche Autorität sich erst noch entwickelt, können äußere Formen, die den Respekt der Schüler dem Lehrer gegenüber zum Ausdruck bringen, eine echte Hilfe sein, in diese Rolle gut hineinzuwachsen. Mir scheint, wir brauchen heute keine Angst mehr zu haben vor dem Lehrertyp, der völlig abgehoben als graue Respektsperson über seine Schüler herrscht wie ein Gewaltherrscher. Die Jugendlichen und Kinder ihrerseits sind heute kritisch genug, falschen und formalistischen Respekt zu durchschauen und abzulehnen. Jedoch eine Prise mehr an guten Manieren der Schüler den Lehrern gegenüber würde nicht schaden.

Erziehung hat zu tun mit Grenzensetzen. Lehrer dürfen »Nein« sagen. Sie müssen es auch nicht immer begründen. Es muss auch nicht immer verständlich sein. Das »Gefälle« der Rollen schließt diese Möglichkeit ein. Wenn Lehrer zu burschikos oder partnerschaftlich mit ihren Schülern umgehen, ist es für diese schwerer, sich zu entwickeln. Wir geben dabei den Kindern eine Freiheit, die sie noch nicht wirklich wahrnehmen können. Wenn sie diese Freiheit lernen sollen oder müssen, werden sie es mir als Lehrer zu verstehen geben. Oft aber ist es eher meine Müdigkeit als Lehrer oder Nachlässigkeit oder Ängstlichkeit, die ich dann als pädagogischen Freiraum verkleide. Wenn Kinder oder Schüler ihre Eltern oder Lehrer nicht respektieren, dann liegt es auch daran, dass ihnen nie die Gelegenheit dazu gegeben wurde. Ich muss als Erziehender den guten Abstand aktiv etablieren, damit das Kind sich da hineinbegeben kann.

Letztlich entscheidend ist ein Klima des Respekts in der Schule. Der Respekt der Schulleitung gegenüber den Kollegen, der Lehrer untereinander, der Schüler gegenüber den Lehrern und umgekehrt. Von einem gelungenen Beispiel erzählt Brigitte Lohmann-Liebezeit in ihrem Unterrichtsentwurf für die Grundschule »Respekt üben – Achtung zeigen«:

»Die Umgangsformen in einer Schule, in jeder einzelnen Schulklasse, auf den Fluren, dem Schulhof und im Lehrerzimmer bestim-

men das Schulklima. Ich hatte einmal einen Schulleiter, der diese Tatsache – vielleicht unbewusst – positiv vorlebte: Jeden Morgen begrüßte er jede Schülerin und jeden Schüler, der ihm auf seinem Weg vom Parkplatz zum Schulgebäude begegnete, mit einem freundlichen Kopfnicken, Lächeln und »Guten Morgen!« Er zog vor den Schülern und Schülerinnen den Hut. Von vielen Schülern kannte er die Namen, denn er hatte es sich zur Aufgabe gemacht, in jeder neuen Klasse mindestens eine Wochenstunde zu unterrichten. Die Kollegen und Kolleginnen begrüßte er mit Handschlag. Er war keine imposante Erscheinung, sondern ein zierlicher, kleiner Mensch. Seine Stimme war nicht laut, ich habe ihn nie schreien hören. Die Schülerinnen und Schüler huschten nicht weg, wenn sie ihn kommen sahen, sondern begrüßten ihn ebenfalls. Er war hoch geachtet. Nie habe ich gesehen, dass er von Schülern beschimpft wurde oder dass sich jemand ihm gegenüber respektlos benahm. Dieser Schulleiter zeigte durch sein Verhalten, dass er seine Schüler und Kollegen achtete. Er war ein respektvoller und respektierter Mensch.«
(Lohmann-Liebezeit, S. 2)

Entscheidend ist weniger, ständig den Wert »Respekt« als Lerninhalt zu thematisieren, als vielmehr zu versuchen, ihn in der Praxis miteinander umzusetzen. Gerade auch in schwierigen Fällen und Situationen. Man kann sich fragen: Wie wird an der Schule kommuniziert? Gibt es Regeln und wie werden sie eingehalten? Wie sind die Begrüßungsrituale? Wie wird mit Konflikten umgegangen? Wie wird mit Wut umgegangen? Wie wird auf Ausgrenzung reagiert?

Wer heute junge Menschen einführen möchte in einen respektvollen Umgang, der kann sich auch behelfen, indem er Zeiten und Räume etabliert, die einen besonderen Charakter haben. Zeiten und Räume, die die jungen Menschen respektieren können. Im Kloster laden wir regelmäßig vierzehn- bis achtzehnjährige Jungen ein, um ein Wochenende lang wie ein »Mönch« zu leben. Im Nachhinein finden diese Jungen immer besonders entlastend und befreiend, dass im Kloster eine klare Tagesordnung vorgegeben ist. Es ist für sie ein ungeheurer Stress, wenn sie ihren Stundenplan ständig selbst bestimmen müssen. Wir wollen den Kindern ganz gerecht werden und differenzieren unsere Angebote, dabei überlassen wir sie aber einem unüberschaubaren Dickicht, das ihnen nicht weiterhilft. Gute Gewohnheiten, bewährte Zeiten, ein guter Rhythmus tun Lehrern und Schülern gut. »Man braucht Gewohnheiten«, sagt der Kleine Prinz. In einigen benediktinischen Schulen Südamerikas geht man sogar so weit, dass die ganze Schule zusammen mit den Mönchen das Morgen- und das Mittagsgebet spricht, und man empfindet das nicht als Zwang, sondern als Wohltat, als angenehme Auszeit im Schulalltag. Das Gleiche gilt nicht nur für die Ordnung der Zeiten, sondern auch für die Ordnung der Räume. Ein sakraler Raum oder Meditationsraum tut auch in einer Schule gut. Ein Herrgottswinkel auch in einer Familie. Es tut den jungen Menschen gut, weil sie sich orientieren können. Weil sie lernen können, was es heißt, einen Raum zu respektieren.

Ein Wort sei schließlich gesagt zum Verhältnis von Lehrern und Eltern. Nicht selten ist das eine besondere Quelle des Leidens für Lehrerinnen und Lehrer. Eltern versuchen – aus verstehbarem Verantwortungsgefühl heraus –, Einfluss auf die Arbeit der Lehrer und Erzieher zu nehmen. Das ist legitim. Aber zu beachten ist, ob sie damit den Raum, den der Lehrer braucht, unterminieren. Wenn das Kind oder der Schüler spürt, dass die Eltern nicht auf der Seite des Lehrers sind, dann ist für diesen die Arbeit fast unmöglich. Wenn Eltern ihre Kinder auf eine Schule geben, dann sollten sie die Erziehung in diesen Stunden wirklich delegieren. Sie sollten einen Vertrauensvorschuss geben. Vielleicht machen die Lehrer es nicht so, wie sie es gerne hätten. Aber sie sollten zunächst einmal respektieren, was und wie der Lehrer handelt. Natürlich muss man in ganz krassen Fällen eingreifen und sich mehr auf die Seite des eigenen Kindes stellen als auf die des Lehrers. Aber zunächst sollte man die Rollen so akzeptieren und respektieren, wie man sie ja letztlich selbst gewählt hat.

11. Respekt in Firmen und Behörden

In Firmen und Behörden haben erwachsene Menschen miteinander zu tun. Sie sollten sich gegenseitig respektieren. Als Zeichen des Respekts gibt es in Betrieben und öffentlichen Einrichtungen meistens klare Regeln und Strukturen. Indem ich diese Regeln achte, achte ich auch meine Kollegen oder Mitarbeiter.

Die Kirche nennt diese ihre Strukturen »Hierarchie«, das heißt übersetzt »heilige Ordnung« oder »heiliger Anfang«. Sie soll also eine Ordnung sein, die zum Heil, zur Gesundheit der in ihnen Beschäftigten und Lebenden beiträgt. Die Kirche stattet ihre Rollen und Ämter mit klaren Namen und Attributen aus: zum Beispiel den Bischof, den Priester, den Diakon. In Firmen findet man das Organigramm. Wir tun uns heute nicht leicht, solche Ordnungen zu akzeptieren. Dabei wollen sie uns eigentlich helfen, uns zu orientieren und uns einen Platz zu geben. Sie wollen uns zeigen, wer wem etwas zu sagen hat. Wir leben nur sehr selten in herrschaftsfreien Räumen. Meistens gibt es Funktionen, Unter- und Überordnungen. Wenn das schon so ist, sollte man aus Respekt allen Beteiligten gegenüber diese Hierarchien wenigstens offen kommunizieren und nicht verschleiern.

Wenn der Mitarbeiter am Tag seiner Einstellung ein Organigramm der Firma in die Hand bekommt, dann ist das nicht eine Herabwürdigung, sondern im Gegenteil eine Würdigung: »Da ist deine Stelle, da ist dein Ort«. Respekt heißt: Guter und klarer Abstand. »Da ist derjenige, der deinen Lohn erhöhen kann oder dir kündigen kann.« Mein Eindruck ist, dass in der Wirtschaft Hierarchien noch am deutlichsten ohne Scham kommuniziert werden. Schwieriger ist es im sozialen Bereich, schwierig durchaus auch im kirchlichen Bereich.

Es gibt in allen Gruppen auch immer Menschen, die bewusst oder unbewusst an diesen Strukturen vorbei handeln. Das ist eine Form der Respektlosigkeit. Sie überspringen Hierarchien, indem sie zum Beispiel nicht zum unmittelbaren Vorgesetzten gehen. Sie spielen sozusagen über die Bande. Das Klima verbessern sie dadurch nicht, im Gegenteil. Hier darf ich als Übergangener auch den nötigen Respekt einfordern. Und wer in einer Leitungsfunktion ist, sollte darauf achten, dass die Regeln eingehalten werden. Damit erweist er seinen Leuten einen Dienst.

Hierarchien sind Spielregeln.

Spielen macht nur Spaß,

wenn sich alle Teilnehmer an die Spielregeln halten.

Respektlose Menschen sind Spielverderber,

die nur an sich selbst denken,

nicht an das Zusammenspiel.

Natürlich darf man nicht so naiv sein und glauben, dass die offiziellen Hierarchien die tatsächlichen Machtverhältnisse widerspiegeln. In allen Firmen und Institutionen gibt es neben den offiziellen Hierarchien auch noch die inoffiziellen. Die sollte man mit der Zeit auch kennen, um sich zu orientieren. Wer hat *eigentlich* das Sagen oder den Einfluss? Der Seniorchef? Irgendeine andere graue Eminenz? Auch diese verdeckten Hierarchien sollte ich respektieren. Sie sind die stärkeren, wirkungsvolleren! Es hat keinen Sinn, sich über sie zu ärgern oder darüber, dass sie den offiziellen nicht entsprechen. Jedes Gemeinwesen hat sein Recht auf seine eigene Gruppendynamik, auf gewachsene Strukturen und Beziehungen. Wenn ich diese respektiere, statt sie zu missachten oder gegen sie zu rebellieren, werde ich mich am besten zurechtfinden. Dann wird es mir am besten gehen. Der Respekt ihnen gegenüber schützt mich selbst.

> Respekt ist eine Form des Schutzes.

Ein junger Mann arbeitet bei einer Sparkasse. Sein Chef übergeht ihn ständig, obwohl er nachweislich gute Arbeit macht. Zu Recht ärgert er sich darüber. Er fängt an, den Chef hier und da zu sabotieren. Er redet schlecht über ihn, er enthält ihm wichtige Informationen vor. Das geschieht quasi automatisch, fast wie aus einer (Notwehr-)Reaktion heraus. Als wir miteinander über seine Situation sprechen, wird ihm deutlich, dass er seinen Chef als Chef respektieren muss – oder den Betrieb verlassen. Wenn er gegen seinen Chef kämpft, wird er auf Dauer den Kürzeren ziehen. Dem jungen Mann gelingt es von da an, sich formal korrekt gegenüber dem Chef zu verhalten. Und siehe da: dieser ändert sein Verhalten ein wenig. Wieder einmal macht der Respekt unwiderstehlich. Der Vorgesetzte mag eine schlechte Leitungsfigur sein, ohne persönliche Ausstrahlung, vielleicht sogar ohne Fachkompetenz, wenn ich ihm aber mit Respekt begegne, hole ich zumindest das Beste aus ihm heraus. Denn sobald er meine Nichtachtung bemerkt, sinkt auch noch das Letzte, das er für mich haben könnte, dahin; er fühlt sich nicht mehr an die formalen Pflichten gebunden, die er für mich als Vorgesetzter hat. Das heißt gar nicht, dass ich unkritisch ihm gegenüber sein muss. Im Gegenteil: Die formal klaren Linien ermöglichen es mir, angstfrei Kritik zu üben. Denn die Grenzen sind klar gezogen.

In Behörden und Firmen müssen besonders die Vorgesetzten den Respekt üben. Da sie größeren Einfluss und größere Macht haben, haben sie die größere Verantwortung. Der heilige Benedikt betont immer wieder in seiner Regel, dass der Abt als Vorsteher des Klosters die größte ethische Verantwortung hat. Er ruft ihm ins Gedächtnis, dass er einmal vor Gott selbst Rechenschaft ablegen muss über seine Menschenführung. Ein

Psalm mahnt: »Ihr Mächtigen, wie lange noch schmäht ihr meine Ehre?« (Ps 4,3)

Wer Macht über andere hat, ist besonders in der Gefahr, Grenzen zu überschreiten. Die Menschen »gehören« ihm nicht, selbst wenn er sie bezahlt. Wenn er sich stattdessen gegenüber seinen Mitarbeitern wirklich respektvoll verhält, dann kann er auch mit Gegenrespekt rechnen. Wenn er sie nicht nur für sich arbeiten lässt, sondern sie auch zwischendurch »sieht«, als Menschen. Wenn er ihnen Anerkennung zollt. Wenn er ihre Arbeit würdigt. Wenn er sie nicht ausnutzt. Wenn er sie vor allem dann nicht ausnutzt, wenn sie schwach oder schlecht disponiert sind.

Ein letztes Wort sei gesagt zu respektvollem Verhalten im wirtschaftlichen Handeln, ohne es hier weiter vertiefen zu wollen. Das wäre ein eigenes Buch wert. Dieser Bereich ist durchaus ein Eldorado der Respektlosigkeiten. Man denke beispielsweise an den Umgang einzelner Firmen mit schwächeren Geschäftspartnern. Manchmal passiert es, dass ein Handelspartner gerade nicht gut aufgestellt ist. Die Frage ist, ob ich das in den Verhandlungen dann sofort ausnutze oder nicht. Gewiss, miteinander handeln hat auch immer eine sportliche Komponente, in der es Gewinner und Verlierer geben darf. Wer sich auf dieses Parkett begibt, weiß darum. Für mich ist es aber immer wichtig, dass ich eine solche Situation nicht ausnutze und den anderen etwa übervorteile. Nach meiner Erfahrung zahlt sich ein solch fairer Umgang miteinander auf Dauer aus. Der alte Begriff vom »ehrbaren Kaufmann« enthält das Zauberwort »Ehre« – und das bedeutet Respekt.

Dasselbe gilt, wenn größere und kleinere Firmen am selben Markt agieren. Gerade der Größere sollte dem Kleinen gegenüber Respekt aufbringen. Nicht selten geschieht es, dass größere Firmen, die ja das größere Potenzial haben, den kleineren die Ideen stehlen. Freilich in einem rechtlichen Graubereich. Aber es sollte auch noch ein gesundes ethisches Empfinden unabhängig von der Rechtsprechung geben.

12. Respekt vor dem Gegner

Der Respekt gegenüber Feinden und Kontrahenten ist ein Sonderfall des Respekts. Es ist der Ernstfall dieses Wertes. Diesen Ernstfall kann man kaum zu einem allgemein verbindlichen Wert machen. Den Partner, die Eltern zu respektieren – das entspringt annähernd unserem natürlichen Empfinden. Den Kontrahenten oder gar den Feind zu respektieren nicht. Hier liegt die Entscheidung, wie bei jedem moralischen Verhalten, ganz klar beim Einzelnen und jeder wird, je nach Umständen und eigener Disposition, dazu in der Lage oder willens sein, seine Feinde oder Kontrahenten zu respektieren oder nicht. Die Einladung der christlichen Frohen Botschaft allerdings ist auch in diesem Punkt klar. Und ich möchte gerne den Versuch einer Heranführung an dieses schwierige Thema machen.

Beginnen wir mit den Kontrahenten. Kontrahenten sind Menschen, die eigene, legitime Interessen haben, welche unseren eigenen, legitimen Interessen zuwiderlaufen. Wir finden sie zum Beispiel im wirtschaftlichen Bereich. Da ist der Umgang mit »Konkurrenten« eine tägliche Herausforderung. Der freie Markt lässt zu, dass auch andere derselben Zielgruppe etwas verkaufen wollen. Gute Unternehmer sehen Konkurrenten nicht als Problem an, sondern als Chance. Sie helfen mir, mich selbst besser zu positionieren. Wie kann das geschehen? Ich kann von ihnen lernen. Wenn ich besser sein will als sie, muss ich dasselbe können wie sie, muss sie genau beobachten. Dazu muss ich mich auf sie einlassen. Ich kann sie nicht einfach verdrängen, die Augen vor der Konkurrenz verschließen.

Konkurrenten helfen, das eigene Profil zu schärfen.

Wenn man jahrelang den- oder dieselben Konkurrenten hat, kennt man ihn beziehungsweise sie meist so gut wie sich selbst. Und es wächst so etwas wie Respekt. Der Geschäftsführer eines Unternehmens erzählte mir einmal, wie er nach einigen Jahren den ersten persönlichen Kontakt hatte mit dem Leiter eines wichtigen Konkurrenzunternehmens. Dieses Unternehmen war größer, hatte mehr Möglichkeiten und bedrohte in gewisser Weise immer das Überleben des kleineren. Bei diesem persönlichen Zusammentreffen hatte der Geschäftsführer aber nicht etwa ein Messer in der Tasche, sondern das Gegenteil war der Fall: Er begegnete seinem größten Konkurrenten mit Respekt, ja fast etwas Zuneigung. Wenn man so lange konkurriert, entwickelt sich eine Beziehung. Gute Unternehmer haben immer eine gute persönliche Beziehung zu ihren Konkurrenten. Wenn nach einer Talkshow die Scheinwerfer ausgehen, dann unterhalten sich die Politiker der konkurrierenden Parteien nicht selten noch angeregt. Nicht wenige treffen sich auch mal zu einem Bier. Manche Menschen wundern sich dann, wie die, die gegeneinander kämpfen, sich so begegnen können. Es ist nicht verwunderlich: Der Respekt schafft eine Art der Beziehung und Verbindung. Außer Dienst, können diese Menschen dann zu besten Freunden werden. Konkurrenten ähneln sich ja auch: Sie lieben dieselbe Zielgruppe, haben ein ähnliches Handwerk und ähnliche Techniken, da gibt es viele Gemeinsamkeiten.

Anders und prekärer ist der Respekt unter Feinden. Zum Ersten: Was sind überhaupt Feinde? Die meisten Menschen sagen, sie hätten keine Feinde. Gott sei Dank. Feinde sind Menschen, die mir nach dem Leben trachten, die mir schaden wollen. Die mir bewusst Schlechtes wollen. Tatsächlich haben die wenigsten von uns in diesem Sinne Feinde.

Achtzig Prozent der Menschen, die wir vielleicht als Feinde bezeichnen würden, entspringen nichts anderem als unseren neurotischen Projektionen. Da gibt es die Nachbarin, die mir Böses will. Wenn ich aber in Ruhe und mit Abstand auf diese Nachbarin schaue, stelle ich fest, dass sie mich vielleicht nicht mag (und das ist legitim!), aber mir nie aktiv etwas Böses tun würde (zum Beispiel Mist in meinen Garten kippen, mein Haus anzünden, meine Kinder töten). Ein Feind, eine Feindin ist jemand, der mir aktiv ans Leben und an mein Wohl will. In diesem Sinne haben – Gott sei Dank – die wenigsten von uns Feinde.

Aber es gibt sie. Von »Feinden« oder »Gegnern« im engeren Sinn spricht man im Zusammenhang mit militärischer Auseinandersetzung. Gegen Feinde verteidigt man sich, um das eigene Leben zu retten. Professionelle Verteidiger sind Soldaten oder Kämpfer. Der gute Soldat hat wie der gute Kontrahent gegenüber seinem Feind »Respekt«. Er erkennt dessen Können an. Nicht dass er sich freuen würde, wenn dieser Vorteile hat. Es ist eine Mischung aus verständlicher Angst und Ehrfurcht.

> Wenn man lange gegeneinander kämpft,
> entsteht eine Beziehung.

In diesem Sinn sind symmetrische Auseinandersetzungen humaner als asymmetrische. Der Kampf Mann gegen Mann, Aug' in Aug', würdigt den anderen als Gegner, indem er ihm sich selbst ganz aussetzt. Die Barbarei von Krieg und Kampf verstärkte sich mit der Erfindung der Massenvernichtungsmittel, vor allem seit dem Ersten Weltkrieg. Ein Bomber, relativ sicher in der Luft, vernichtet mit einem Schlag, per Zufallsprinzip, Hunderte oder Tausende von Zivilisten (nicht Soldaten). Wenn man im Kampf von Mensch zu Mensch noch den Hauch von Würde und Respekt entdecken kann, so doch in diesem Fall nicht mehr. Was bleibt, sind bestenfalls die Albträume des Piloten, der die Luftangriffe fliegt und der sich schuldig fühlt. Denn der Bomber gibt den Zivilisten keine Chance, sich zu verteidigen. Das ist respektlos.

Konkreter wird die Frage, wenn wir in unser eigenes Leben schauen. Bei meinen Kursen mache ich die Übung, dass man seine Feinde oder Kontrahenten oder einfach auch die Menschen, mit denen man sich schwertut, aus welchen Gründen auch immer, segnen soll. Das geht zurück auf einen biblischen Auftrag:

> »Segnet eure Verfolger, segnet sie, verflucht sie nicht!«
> (Röm 12,14)

Theoretisch kann man sich so etwas vorstellen. Aber wir üben es dann praktisch. Wir stellen uns vor, wo sich der Gegner oder die Gegnerin gerade aufhält. Dann richten wir uns im Raum in die entsprechende Himmelsrichtung aus, wenden uns also dieser Person real zu. Und dann verneigen wir uns vor ihr. Nach der Übung erzählen viele Teilnehmer, wie befreiend diese Übung für sie war. Manche merken, dass der Kontrahent gar nicht so schlimm ist. Der Respekt, den sie ihm mit der Verneigung erwiesen haben, fördert in ihnen zutage, was sie auch Positives über diesen Menschen denken können. Andere merken, dass die Beziehung nach wie vor schwierig bleiben wird und belastet ist, vielleicht auch für immer. Aber sie drücken mit der Verneigung wenigstens ihren Willen aus, das Verhältnis zumindest nicht zu verschlechtern, ja es vielleicht gar ein wenig zu verbessern. Wenn die Teilnehmer dann nach Hause kommen, merken sie nicht selten, dass sich das Verhältnis zu diesen Menschen effektiv verbessert hat.

Man kann diese Übung auch unmittelbar vor der Begegnung mit so einem Menschen machen. Man hat vielleicht ein Gespräch mit dem Chef, mit dem man nicht zurechtkommt. Kurz vor dem Gespräch mich in einem geschützten Raum vor ihm verneigen, damit anerkennen, dass auch er eine Würde hat, die es zu respektieren gilt – wie immer auch unsere Sachauffassungen oder unsere Sympathien auseinandergehen –, hilft der Beziehung.

Der Respekt vor dem Kontrahenten oder gar dem Feind hilft uns, unsere eigene Aggressionskraft zu integrieren. Es ist einfach eine Tatsache, dass wir mit Menschen aneinandergeraten. Das können wir verdrängen. Damit verdrängen wir aber auch einen Teil unserer eigenen Kraft, die Aggressionskraft, die als Aufgabe hat, dafür zu sorgen, dass wir genügend Raum für unser Leben haben. An unserer Klosterschule gibt ein Mitbruder Aikido-Unterricht. Die Aikido-Stunden sind die beliebtesten an der Schule. Ich höre auch von vielen anderen Eltern, wie ihre Kinder es genießen, einen Kampfsport auszuüben. Wir haben kaum noch die Möglichkeit, Kampf leiblich zu erfahren. Und doch bleibt, so abgesichert unser Wohlstand noch ist, das Leben auch ein Kampf. Das spüren die Kinder. Und sie wollen kämpfen lernen. Nicht um den anderen umzubringen. Eher um sich zu verteidigen, wenn es sein muss, und noch viel mehr: um den Respekt im Kampf zu lernen. Bei allen östlichen Kampfarten verneigen sich die Gegner zu Beginn und am Ende voreinander: Zeichen des gegenseitigen Respekts. Bei aller Auseinandersetzung: Die Würde wird *nicht* angegriffen. Wer beim Kampf die Würde mit angreift, ist unfair, fies, rücksichtslos.

> Respekt kann man im Kampf besonders gut lernen.

Wenn Respekt so viel bedeutet wie »der gute Abstand«, dann wird dieser besonders leicht in der Auseinandersetzung sichtbar.

Es gibt eine neue, subtile Form der Respektlosigkeit in unserer Gesellschaft, das ist das Unterlassen der Auseinandersetzung, die Verweigerung des Konflikts. Man streitet nicht. Man tut sich mit niemandem schwer. Man ist offen für alles. Man kann mit jedem. Und man nennt es »Toleranz«. Man muss nicht so weit gehen wie Henryk M. Broder, der die »Toleranz« als Grundübel unserer Gesellschaft ansieht, aber hinter der vermeintlichen Toleranz verbirgt sich tatsächlich nicht selten eine Form von Desinteresse und Ignoranz, die durchaus mit Respektlosigkeit zu tun hat. Jemand hat mit einem anderen Schwierigkeiten. Er geht zu ihm und sagt ihm das. Der antwortet: »Ich hab mit dir kein Problem.« Den Fall kann es geben. Aber meistens ist das Problem des einen mit dem anderen ein Beziehungsproblem, an dem *beide* ihren Anteil haben. Wenn ein Ehepartner so reagiert, droht die Beziehung auseinanderzugehen. Weil hier jede Aggression vermieden wird, wird auch echte Beziehung vermieden. Damit fehlt der Respekt. Es ist kein Wunder, dass in bestimmten Milieus, wie zum Beispiel unter den Rappern, mehr von Respekt gesprochen wird. Es geht dort handfester zu. Und wo es handfest zugeht, da kann er gut wachsen: der Respekt.

Wenn wir unsere Feinde, unsere Konkurrenten und Kontrahenten oder einfach die Menschen, die uns das Leben schwer machen beziehungsweise mit denen wir uns schwertun, respektieren würden, dann wäre für uns selbst und unser Zusammenleben sehr viel gewonnen. Jesus von Nazareth geht freilich noch einen Schritt weiter, indem er sagt: »Liebt eure Feinde!« (Mt 5,44) Dazu muss man persönlich berufen sein. Ein erster Schritt dahin aber wäre der Respekt.

13. Gott respektiert dich

Nach unserer Ansicht ist die Wurzel des Wertes »Respekt« bis in den Wortlaut hinein in der christlichen Religion zu finden. Natürlich ist »Respekt« auch ohne Religion denkbar, wie aber bei den meisten Werten bekommt auch dieser erst seine Kraft, seine Frische, seine Vitalität, wenn man ihn im religiösen Kontext sieht.

Ausgehend von dem Gedanken, dass Gegenseitigkeit ein wichtiges Merkmal von Respekt ist, können wir uns fragen, wie es um diese Gegenseitigkeit eigentlich zwischen Gott und Mensch bestellt ist. Ist das »Paar«, das sich da gegenübersteht, nicht zu ungleich, als dass man von »Gegenseitigkeit« sprechen könnte? Die Bibel bezeugt anderes. Die Frohe Botschaft des Alten und besonders des Neuen Testaments besteht gerade darin, dass Gott als einer dargestellt wird, der Respekt gegenüber dem Menschen hat. Was heißt das?

> Gott respektiert, dass der Mensch anders ist.

Der Mensch als solcher ist anders als Gott, auch wenn er sein Geschöpf ist. Gott wollte sich im Menschen nicht klonen, sondern sehen. Er als »totaliter aliter« – der Ganz Andere – konnte nur wieder jemanden schaffen, der seinerseits »aliter« – ein anderer – ist, sogar gegenüber seinem Schöpfer selbst. Das heißt zunächst, Gott respektiert die menschliche Freiheit. Das wird ausgedrückt durch den Baum der Erkenntnis im Paradies. Im Buch Deuteronomium heißt es: »Leben und Tod lege ich dir vor. Wähle das Leben.« (Dtn 30,19) Für den heiligen Paulus ist die Überzeugung der Freiheit des Menschen Grundlage seiner Mission und Inhalt seiner Botschaft: »Zur Freiheit hat Christus uns befreit.« (Gal 5,1) »Zur Freiheit seid ihr berufen.« (Gal 5,13) Indem Gott den Menschen frei lässt und ihn nicht zur Marionette macht, zollt er ihm den größtmöglichen Respekt.

Gott würdigt den Menschen durch seine eigene Menschwerdung.

Gottes Respekt uns gegenüber geht aber noch weiter. In der Inkarnation, das heißt der Menschwerdung, würdigt Gott das Menschsein. Gott ist sich nicht zu hoch oder zu fein, selbst ein Mensch – das heißt eine begrenzte Gestalt – zu werden. Seitdem er auf dieser Erde Mensch geworden ist, hat er das Menschsein vergöttlicht, sagen die antiken Kirchenväter. Im Sohn ist das Menschsein selbst in die Gottheit erhoben.

Wem das alles noch zu theologisch ist, dem sei der Hinweis auf das Leben Jesu gegeben. Wenn man den Stil beschreiben wollte, wie Jesus sich gegenüber den Menschen verhalten hat, dann kann man durchgängig davon sprechen, dass er den Menschen mit Respekt begegnete. Er respektiert die Sehnsucht der Juden, dass das Volk Israel mit seinen zwölf Stämmen wiederhergestellt wird, und sammelt einen Zwölfer-Kreis um sich. Er respektiert die Gesetze seiner Vorfahren: »Bis Himmel und Erde vergehen, wird auch nicht der kleinste Buchstabe des Gesetzes vergehen, bevor nicht alles geschehen ist.« (Mt 5,18) Er respektiert das Steuersystem der Juden: »Gebt dem Kaiser, was des Kaisers ist.« (Mt 22,21) Jesus achtet die Freiheit jedes Menschen. Er ist keineswegs der Guru, der vereinnahmend die Menschen um sich sammelt.

Als der reiche junge Mann – hoch motiviert zur Nachfolge – ihm zu Füßen fällt, konfrontiert Jesus ihn mit seiner Wahrheit, »weil er ihn liebte«. Als dieser sich dann nicht entschließen kann, ihm nachzufolgen, respektiert Jesus das voll und ganz.

Vor allem Jesu Verhalten gegenüber den Schwachen, den Außenseitern der Gesellschaft, ist bemerkenswert. Hier unterscheidet er sich gerade dadurch, dass er sie weder vereinnahmt oder funktionalisiert noch missachtet, übergeht oder gar verachtet. Weil sie alle Menschen sind, in Jesu Worten »geliebte Söhne und Töchter des Gott-Vaters«, deshalb begegnet er ihnen voller Respekt. Dann ist ihm nichts zu hässlich oder zu abstrus. Dem Besessenen von Gerasa, der nur noch in Höhlen haust, um sich schlägt und dabei auch sich selbst verletzt, so schrecklich, dass die Menschen ihn anketten und sich nicht mehr zu ihm hintrauen, dem begegnet er furchtlos und respektvoll und heilt ihn. Den Aussätzigen, die aufgrund ihrer Krankheit am Rande der Gesellschaft leben müssen, erweist er Respekt, indem er Kontakt mit ihnen zulässt, sie sogar berührt und heilt. Er lässt die Kinder, die von seinen eigenen Jüngern schroff abgewiesen werden, zu sich kommen und begegnet ihnen voller Respekt. Nicht zuletzt den Frauen gegenüber verhält sich Jesus respektvoll. Während man in seiner Zeit den Frauen abwertend gegenüberstand, begegnet Jesus ihnen frei, unvoreingenommen und ohne jede Andeutung von Herablassung. Er pflegt mit ihnen regen Umgang, sie gehören zu seinem Jüngerkreis. Ob es Martha ist oder Maria, ob es seine Mutter ist oder die Samariterin am Jakobsbrunnen, immer ist er achtsam und voller Respekt ihnen gegenüber.

Am stärksten wirkt, dass Jesus sogar den Sündern gegenüber Respekt hat. Hier hätte man sich ja vorstellen können, dass der Gottmensch seine Grenzen hat. Aber selbst dem Wucherer Zachäus erweist er die Ehre und hält mit ihm Mahl. Er lässt die Prostituierte seine Füße berühren. Er hebt den Stein gegen die Ehebrecherin nicht auf, nachdem auch alle anderen sie nicht mehr steinigen wollten. »Auch ich verurteile dich nicht.« (Joh 8,11) Jesus respektiert sogar den Sünder – weil er seine Freiheit respektiert.

Man hat fast das Gefühl, dass es Jesus besonders zu den Missachteten hinzieht, so als wolle er gerade ihnen die Würde wiedergeben, oder besser: sie diese wieder spüren lassen. Er selbst fühlt sich zu den »Armen, Gefangenen, Blinden, Zerschlagenen« (vgl. Lk 4,18) gesandt. In Jesus erweist Gott selbst jedem Menschen Respekt. Er zeigt den Menschen, dass jeder wertvoll und zu respektieren ist, weil er ein Abbild Gottes ist, weil sich auf seinem Gesicht das göttliche Antlitz spiegelt.

Ursprünglich, so erzählt ein Gleichnis, hatte Gott gedacht, vor seinem eigenen Sohn würden die Menschen wenigstens Achtung haben. (Vgl. Mt 21,33ff) Das ist es, was den Respekt Gottes gegenüber den Menschen so glaubwürdig macht: In Jesus nimmt er in Kauf, dass er Verachtung erntet, obwohl er Respekt sät. Vor Pilatus und seinen Schergen wird Jesus entkleidet, verspottet, verlacht und gefoltert. »Ecce homo«. So ist der Mensch. Würdigung trifft beim Menschen eben nicht unbedingt auf Würdigung. Aber Jesus hat gesagt: »Ich bin nicht auf meine Ehre bedacht; doch es gibt einen, der darauf bedacht ist und der richtet.« (Joh 8,50) Aus diesem Vertrauen heraus kann er einseitig den Respekt weiter aufrechterhalten, ohne zurückzuschlagen.

14. Gott respektieren

Die Antwort auf den Respekt, den Gott uns Menschen erweist, ist der Respekt, den wir ihm erweisen. Weil er uns zuerst gezeigt hat, dass er uns respektiert und liebt, ist unser Respekt ihm gegenüber nicht der Ausdruck von Furcht und Zittern, sondern von Liebe.

Die angemessene Haltung Gott gegenüber nennen wir »Ehrfurcht«. Sie ist eine besondere Form des Respekts. Sie ist der Respekt, wie er Gott selbst gebührt. Gott ehren, ihn verehren, ist die Haltung, die der gläubige Mensch seinem Gott gegenüber zum Ausdruck bringt. Der Titusbrief empfiehlt: »Besonnen, gerecht und mit *Achtung* vor Gott leben.« (Tit 2,11f)

Daher ist es jeder Religion eigen, dass man sich vor Gott, vor dem Göttlichen verneigt. Das ist ein Zeichen des Respekts. Natürlich kann man auch mit Gott tanzen wie ein Derwisch, fasten wie ein Mönch und sprechen wie Don Camillo – die Urgebärde Gott gegenüber ist das Erweisen des Respekts. Der Mensch zieht aus Respekt seine Schuhe aus wie die Muslime beim Betreten der Moschee, er macht die Kniebeuge wie die Katholiken in ihrer Kirche, er setzt den Hut auf wie die Männer in der jüdischen Synagoge. Alles Zeichen des Respekts. Es geht nicht um den Hut, nicht um die Schuhe – es geht um die innere Haltung des Respekts, der allerdings einen äußeren Ausdruck braucht. Daher ist Religion – richtig und gesund gelebt – für eine Gesellschaft ein wichtiges Ferment, das Respekt anschaulich macht. Solange Menschen am Eingang der Kirche sich verneigen oder die Knie beugen, können auch andere Menschen Gebärden des Respekts sehen und wahrnehmen – und ihrerseits respektvoll gegenüber den Menschen sein, selbst wenn sie nicht an einen Gott glauben.

Die größte Anfrage, die man an die Religionen an dieser Stelle richten kann, ist aber die Frage, wie sehr solch eine Verehrung angstgesteuert ist. Es scheint einleuchtend, dass eine Religion, die Angst als Motivation benutzt, zwar eine Art von Respekt erzeugt, dieser aber für den Menschen und im menschlichen Zusammenleben nicht hilfreich, sondern schädlich ist. Es kommen dann Druck und Macht ins Spiel. So mancher wird sich noch an die unselige Melange von »Respektsperson« und »moralischer Instanz« erinnern, in deren Hintergrund das drohende Bild eines strafenden Gottes stand.

Respekt hat aber im Grunde und ursprünglich nichts mit Angst zu tun. Wir haben gesehen, wie sehr im Christlichen Respekt auf Gegenseitigkeit aufgebaut ist. Gott hat uns zuerst respektiert, deshalb erweisen wir ihm die Ehre. Nicht: Gott ist so groß und erschreckend, dass wir nicht anders können, als in Ergriffenheit und

Furcht uns zu beugen. Zwar sieht die christliche Theologie Gott auch als das »Tremendum«, den »Erschreckenden«, einfach aufgrund seiner Größe, Majestät und Stärke, aber sie kennt andere Komponenten, die diesen Zug im Gottesbild ergänzen. Am deutlichsten hat das ein weiteres Mal Meister Eckhart zum Ausdruck gebracht, als er sich über den Zusammenhang von Furcht und Liebe Gedanken gemacht hat.

Das Menschenbild des deutschen Mystikers ist gekennzeichnet durch die Furchtlosigkeit. Der Mensch gewinnt gerade dadurch seine Größe, dass er keine Angst mehr zu haben braucht. Eckharts Gottesbild nimmt dem Menschen die größtmögliche Furcht, nämlich die Furcht vor Gott. Zum einen muss der Mensch keine Angst haben, dass Gott unwillkürlich und gegen ihn handeln könnte, denn Gott und Mensch sind von vornherein, noch vor ihrer Unterscheidung, miteinander verbunden und eins. Zum anderen braucht er sich vor keinerlei »bestimmtem« oder fixem Gott zu fürchten, weil er – so die Theologie Meister Eckharts – zwischen »Gott« und »Gottesbild« unterscheiden kann. Grundsätzlich gilt für Eckhart:

> »Gerecht ist, wer Gott nicht fürchtet, sondern liebt.«
> (Meister Eckhart, LW II,388,10)

Die Liebe zu Gott steht über der Furcht vor Gott. Kennt Eckhart denn überhaupt keine Furcht vor Gott? Er unterscheidet zweierlei Arten von Furcht *(vgl. Meister Eckhart, Pr. 22, DW I,385,15–386,3)*. Rechte beziehungsweise schädliche Furcht definiert sich von Gott her, genauer: von der Wirkung, die die Furcht vor Gott auf den Menschen hat. Schädlich für den Menschen ist die Furcht, die ihn vor Gott fliehen lässt, denn Gott gehört zu seinem tiefsten Wesen. Die Furcht aber, die befürchtet, Gott zu verlieren, die treibt den Menschen im Gegenteil ständig zu Gott hin. Das ist die rechte Furcht. Mit ihr ist nichts anderes gemeint als »respectus«, den der Mensch Gott erweist. Diese Furcht meint das beständige Blicken auf Gott, die Ehr-Furcht.

> Wer vor Gott Ehrfurcht hat, hat keine Angst vor ihm.

Wirklicher Respekt, wirkliche Ehrfurcht ist immer mit Liebe gepaart. Ich habe nur die eine Furcht, dass ich den Geliebten verlieren könnte. Eckhart geht sogar so weit, dass er feststellt, jede Furcht sei aus der Liebe. Entweder stamme sie aus der Liebe zu Gott (timor sanctus) oder aus der Liebe zu etwas außer Gott (timor servilis). Nur die letzte Furcht wirft die Liebe hinaus. In Gott also und in Bezug auf Gott gehen Liebe und Furcht zusammen. In ihm fallen, wie Nikolaus von Kues später sagen wird, alle Gegensätze in eins, also auch Furcht und Liebe. In Gott sind Liebe und Furcht eins. Nicht nur die Furcht will Eckhart aus der Liebe verstanden wissen, sondern auch umgekehrt die Liebe in der Furcht:

»Ich habe auch einmal gesagt: Dass man Gott in Furcht dient, das ist gut; dass man ihm aus Liebe dient, das ist besser; dass man aber die Liebe in der Furcht zu fassen vermag, das ist das allerbeste.« (Meister Eckhart, Pr. 68, DW III,144,8–145,1)

Das Kriterium für echten Respekt ist also, ob er aus der Liebe kommt und mit der Liebe verbunden ist. Das bedeutet auch, dass er sich nicht in einer äußeren Form erschöpft. Der Respekt soll von Herzen kommen.

Echter Respekt ist mit Liebe gepaart.
Respekt heißt Ehrfurcht – aus der Liebe heraus.

Leider ist unser Gottesbild auch heute noch häufig verseucht von den grauen, strengen und sterilen »Respektspersonen« früherer Zeiten. Mit alldem hat Gott nichts zu tun. Wer sich anschickt, Gott in Ehrfurcht zu begegnen, darf davon ausgehen, dass ihm ein liebender, ihn selbst zutiefst respektierender Gott gegenübersteht. Ein Schöpfer, der ihn frei lässt und der will, dass wir Menschen aufblühen und ein Leben in Fülle führen. Ein

Gott, der es nicht nötig hat, dass sich die Menschen klein machen, damit er sich groß vorkommen kann. Ein Gott, der selbst so groß ist, dass sich die Menschen an ihm aufrichten können, wenn sie sich vor ihm verneigen.

Schluss

Erich Fromm fasst die Kunst des Liebens so zusammen: Liebe besteht nicht darin, geliebt zu werden, sondern zu lieben. Ganz ähnlich kann man auch für den Respekt formulieren: Respekt besteht nicht darin, respektiert zu werden, sondern zu respektieren. Sicherlich: Gegenseitigkeit belebt den Respekt. Es fällt viel leichter, jemanden zu respektieren, wenn ich auch von ihm respektiert werde. Aber es ist auch möglich, von sich aus Respekt zu schenken. Nicht selten wird man dabei die Erfahrung machen, dass Respekt unwiderstehlich ist, dass der Respekt zu mir zurückkommt.

Eine besondere Kraft bekommt dieser moderne Wert, wenn ich ihn in das Licht der christlichen Tradition stelle. Der Respekt gründet letztlich im göttlichen Kern jedes Menschen. Weil Gott uns anschaut, hat jeder Mensch sein Ansehen. Weil er uns durch und durch respektiert, können auch wir einander respektieren und alles, was uns auf dieser Erde begegnet.

Literatur

Asfa-Wossen Asserate, Manieren, Frankfurt/Main [17]2005.

Die Regel des Heiligen Benedikt (RB), herausgegeben im Auftrag der Salzburger Äbtekonferenz, Beuron [2]2008.

Meister Eckhart, Die lateinischen Werke (LW), herausgegeben und übersetzt von Konrad Weiß, Loris Sturlese, Heribert Fischer, Josef Koch, Karl Christ, Bruno Decker, Albert Zimmermann, Ernst Benz, Bernhard Geyer und Erich Seeberg, Stuttgart 1936ff.

Meister Eckhart, Die deutschen Werke (DW), herausgegeben und übersetzt von Josef Quint, Stuttgart 1936ff.

Meister Eckhart, Sämtliche deutschen Predigten und Traktate sowie eine Auswahl aus den lateinischen Werken. Kommentierte zweisprachige Ausgabe in zwei Bänden, herausgegeben von Niklaus Largier, in: Bibliothek des Mittelalters (Bibl. Dt. Klassiker), Texte und Übersetzungen, herausgegeben von Haug Walter, Band 20 und 21, Frankfurt/Main 1993.

Hartwig Hansen, Respekt – Der Schlüssel zur Partnerschaft, Stuttgart 2008.

Marie-France Hirigoyen, Die Masken der Niedertracht. Seelische Gewalt im Alltag und wie man sich dagegen wehren kann, München [9]2009.

Wolfgang Huber, Die Manieren und der Protestantismus, EKD Hannover 2004.

Birgit Lohmann-Liebezeit, Respekt üben – Achtung zeigen. Projektstunden zur Gewaltprävention, Buxtehude 2008.

Antoine de Saint-Exupéry, Der Kleine Prinz, München [3]1989 (1956).

Mauritius Wilde, Das neue Bild vom Gottesbild. Bild und Theologie bei Meister Eckhart, Freiburg/ Schweiz 2000.

Mauritius Wilde, Ich verstehe dich nicht. Die Herzensreise des Kleinen Prinzen, Münsterschwarzach [3]2004.

Mauritius Wilde, Der spirituelle Weg. Die Entwicklung des Benedikt von Nursia, Münsterschwarzach [2]2004.